月刊『創』編集部編

# パンドラの箱は閉じられたのか

## 相模原障害者殺傷事件は終わっていない



創出版

目次

## 第2部 死刑判決をどう見るか

［はじめに］

# 死刑判決確定で本当にこの事件は終わったのか

篠田博之
［月刊『創』編集長］

東武鉄道の小菅駅のホームから目をやると、東京拘置所の全容が見える。２０２０年４月８日午前、それを見ながら重たい気分になった。その朝8時半、横浜拘置支所で植松聖死刑囚に面会申し込みを行ったところ、職員から「もうここにはいないんです」と告げられた。３月31日に死刑が確定していたのだが、前日の４月７日に移送されたという。

移送先は教えてくれないのだが、刑場のある東京拘置所であることは明らかだったので、その足で向かった。東京拘置所で接見申し込みをすると、案の定、面会はできないと言われた。移送と同時に死刑確定者の処遇に変わり、接見禁止になったようだ。

その帰路、東京拘置所の巨大な建物を眺めながら、この2年半の植松死刑囚との関わりをいろいろ思い出した。横浜で最初に接見したのは２０１７年８月だった。あの19人もの障害者が殺害された相模原障害者殺傷事件から約1年後である。

その年の2月、植松元被告は起訴されて接見禁止が解かれ、事件の地元・津久井警察署で新聞記者の接見に応じた。世界を震撼《しんかん》させた事件の被告だけに各社が連日、接見を求めたのだが、４日間、計

4社の取材に応じた時点で弁護人から止められ、接見に応じなくなった。ただ手紙のやりとりには応じていた。

事件から1年を経た7月を中心にマスコミ各社は手紙のやりとりを行ったのだが、その中で植松元被告は、月刊『創《つくる》』には接見にも応じるという意向を示した。恐らく『創』だけが、彼の発言を誌面に引用するなどしたからだろう。事件の動機ともいうべき重度障害者への差別的考えゆえに、新聞・テレビは植松元被告から手紙が届いたことを報じても、その内容を「身勝手な主張」と言うだけで、詳しく触れなかった。相模原事件は、報じることさえ難しい、タブーに踏み込んだ事件だったのだ。

ただ茶の間にいきなり報道内容が飛び込んでくる新聞やテレビと違って、雑誌メディアは読者が意識的に購入して読むものであるゆえに、書き方を工夫すれば、植松元被告がどういう動機で犯行に及び、どんな主張を行っているのか、ある程度踏み込んで記事にすることは可能と思えた。

『創』は事件直後から相模原事件にほぼ毎号誌面をさいて取り組んできた。そして植松元被告とやりとりを始めて以降、彼がどういう主張をしているかについても、それを批判的に分析する記事とともに誌面化していった。

植松元被告とは最低、月に一度は接見することにしたが、2018年3月に彼が精神鑑定のために立川拘置所に移されてからしばらくは、私の自宅からは横浜よりずっと近かったため、多い時は週に3回接見することもあった。これまでに接見した回数は、数十回にのぼる。

この2年半、いろいろなことがあった。一時期、接見する人もほとんどいなかった時には、植松元被告は精神的に追い詰められたこともあったようで、「誰とも話をしない日が何日も続きました」などと不安そうに語ることもあった。

彼は獄中でイラストやマンガを描いており、それも『創』に随時掲載したが、ある時、拘置所の食卓を描いたことがあったので、「カラーグラビアに載せるので色をつけてほしい」と依頼したことがあった。彼は求めに応じて色を付けて送ってはきたが、最初の色のついていないイラストを、「それが自分の今の生活なんです」と言ってきた。「ここは色のない生活で、薄く力のない部屋なのです」というのだ。

最初に接見し始めた頃は、憑《つ》かれたように自分の主張を前のめりで話していた植松元被告も、次第に声が小さくなり、「24時間、監視カメラに囲まれている生活」を嘆くようになった。

もともと相模原事件の特異なところは、植松元被告が、自分のしたことは「世直し」であり「革命」だと信じ込んでいる点にあった。逮捕されてからも彼は自分が正しいことをしたと信じ込んでおり、獄中から自分の考えを少しでも世の中に拡散させようと考えていた。多くの死傷者を出すという事件を起こした後も、植松元被告はそれを継続しようとしていたのだった。

ただ、その何かに取り憑かれたような前のめりの雰囲気は、年月を経て少しずつ薄れていった。事件の動機となった考えを改めることはなかったが、長期の拘留生活が彼に精神的圧迫をもたらしていった可能性はある。2019年秋頃に「裁判ではどういう主張をするの？　君にとって法廷は自分の考えを主張する場だろう」と尋ねると、「いや、聞かれたことに答えるだけです」という返事が返ってきて驚いた。

2020年1月8日から始まった裁判を前に、植松元被告はさらに変わっていった。それまでは事件によって津久井やまゆり園職員や障害者の家族などを悲しい目にあわせたことには謝罪を口にしていたが、今回の裁判で初めて、殺傷した障害者にも謝罪すると言い出した。ただ一方で従来の主張は間違っていないとも言い続けた。

植松元被告は、2016年に措置入院させられた時に「ヒトラーの思想が降りてきた」などと語ったことが報じられて、ヒトラーを信奉する優生思想の持ち主とされてきたが、実はそのへんはあまり単純ではない。ナチスが行ったユダヤ人虐殺は批判しており、『アンネの日記』や『夜と霧』を獄中で愛読していた。

植松元被告が事件を起こした動機や、そもそも津久井やまゆり園で障害者の支援を行っていた元職員が、なにゆえに障害者殺傷に至ったのかといったことは、解明すべき第一のポイントだ。ただ今回の裁判は、植松元被告の刑事責任能力があるのかないのかにもっぱら焦点があてられ、事件の解明が十分なされたとは言い難い。刑事責任能力はあると判断され死刑が宣告されたのだが、では彼がいったい何ゆえにあの事件を起こすに至ったのか、いまだに謎は残されたままだ。

真相解明に至らなかったとはいえ、裁判で参考にすべき多くの証言がなされたことも事実だ。植松元被告の多くの友人や、津久井やまゆり園職員の証言も公開された。植松元被告の障害者に対する差別的考えがどういう経緯で生まれてきたのか、ヒントになるような証言もあった。

本書はそれゆえに、まず裁判で明らかにされた関係者の証言をできるだけ詳しく記録に残そうと考えた。裁判が始まってから新聞・テレビもかなりの量の報道をしたが、何せ紙面などには限りがあり、法廷での細かいやりとりを再現するには限界もあった。

植松元被告の死刑確定によって相模原事件を終焉《しゅうえん》させるのでなく、障害者差別や障害者支援のありかたなどさらに議論を続けるためには、記録をきちんと残して社会に提供する必要があると思った。

それもただ法廷記録を載せるのでなく、裁判の過程でもたびたび植松元被告に接見して話した内容を織り交ぜることで、いろいろなことがわかるようにした。この3年半、『創』は事件を追いかけるだけでなく、障害者の問題に関わる多くの人と議論を重ねてきたが、そういうものも第2部に収録した。2018年、事件から2年経た時点で、証言や問題点をまとめた『開けられたパンドラの箱 やまゆり園障害者殺傷事件』という本を刊行したが、本書はその続編といえる。

この2~3年、相模原事件をめぐるシンポジウムなどに呼ばれる機会も多かった。例えば2020年2月には日本障害者協議会主催のシンポジウムに出席し、藤井克徳代表をコーディネーターとして、やまゆり園家族会前会長の尾野剛志さんらと議論した。その登壇者の一人、毎日新聞くらし医療部の上東《かみひがし》麻子記者は2019年12月の毎日新聞紙面で、各地の障害者施設建設に対して地元住民が反対運動を行っている実態を報道した。一般論として、例えばアンケートをとれば、ほとんどの人が障害者差別は良くないと答えるだろうが、いざ自分の近くに障害者施設が建てられるとなると反対する。それが差別の実情だ。

今回の裁判でも被害者がほとんど匿名という異例の対応が指摘されたが、それはいまだに障害者差別が根強い現実を反映したものだ。相模原事件をめぐっては、そういう深刻な現実が様々なところで影を落としている。

最近衝撃を受けたのは、れいわ新選組の木村英子参院議員が2020年3月15日付朝日新聞のインタビューで語ったこういう一節だ。

《彼（植松元被告）が言っていることはみなさんにとっては耳慣れなくて衝撃的なのでしょうが、同じような意味のことを私は子どものころ、施設の職員に言われ続けました。生きているだけでありがたいと思えとか、社会に出ても意味はないとか。事件は決してひとごとではありません。19歳で地域に出ていなければ、津久井やまゆり園に入所していたかもしれない。殺されていたのは私かもしれないという恐怖が今も私を苦しめます。》

植松元被告が言っているのと同じことを、自分は言われ続けたというのだ。また、障害のある子どもを育てている自民党の野田聖子衆院議員は4月8日付の毎日新聞のインタビューでこう語っている。

《うちの息子を含め知的障害や重い障害のある人を（植松死刑囚は）「心失者」と呼んでいましたよね。社会の役に立たないのに（介護などで）無駄なお金を使う迷惑な存在だ、まして日本はこれから先行き不透明なのに。だから事件を起こした、と》《私が息子と9年暮らしてきた経験から言うと、植松死刑囚の考えは「異端」の意見じゃないんです。彼のような考えは、大なり小なり、この国の、ごくふつうの人たちから感じてきたんだよね。》

判決でも指摘されているが、植松死刑囚の考えは、やまゆり園での体験を基礎とし、トランプ大統領候補（当時）の排外主義が世界的に広がる中で生まれてきた。同じ時代を生きている私たちにとって決して、一部の特異な人間の主張とすませてしまってよいものではない。

本書は多くの人の協力を得て作られた。特に2019年後半より取材現場を共にすることが多くなったノンフィクションライターの渡辺一史さんには大変お世話になった。

本書の記事の多くは、最初に月刊『創』やヤフーニュースに掲載したもので、植松死刑囚の肩書も被告、元被告、死刑囚などと変遷している。特に第1部はもともと私が同時進行ドキュメントとして書いたもので、なるべく当時の肩書をそのまま残すことにした。

第1部を「私」という一人称で書いた理由は、私が植松元被告に接見した内容も伝えた方がわかりやすいと思ったからだ。2年半にわたるつきあいを経て、私と植松元被告は、意見を言ったり議論ができるような関係になっていた。例えば初公判法廷での彼の謝罪についても、あれでは社会に全く伝わらないと面会室で意見を言った。植松元被告の行動にそれらの議論はある程度反映されている。私がそんなふうに意見を言い続けたのは、この裁判が、社会全体にとってとても大事だと思ったからだ。

末尾に掲載した相模原事件裁判の判決全文はかなりのページを費した。判決要旨はあちこちに公開されているが、ぜひ全文を読んでほしいと敢えて収録した。

相模原事件の取材は、もちろん今後も続けていくつもりだ。

第
1
部

# 相模原裁判
# そして被告との接見

篠田博之
（月刊『創』編集長）

裁判の行われた横浜地裁前のTV中継車両

# 01 初公判の翌朝、植松被告は小指を噛みちぎった

2020年1月8日、横浜地裁で相模原事件の公判が始まった。その日は、強い雨が降りつける、あいにくの天気だった。傍聴希望者が多数訪れることを予想して、裁判所は、近くの「象の鼻パーク」という公園で、早い時間から整理券の配布を行った。

横浜地裁では一番大きな法廷が使われたものの、傍聴席の3分の1は報道席、あと3分の1は犠牲者遺族や被害者家族の特別傍聴席で、一般傍聴席は26に過ぎなかった。その一般傍聴券を求めて、約2000人が雨の中に行列を作った。

## 初公判で謝罪のために自傷行為

案の定、私（篠田）は抽選にはずれ、仕方なく裁判所を後にした。ところが帰りの電車の中で見たネットニュースで、公判が開廷した直後に「植松聖被告が暴れて」裁判が中断したことを知り驚いた。植松被告は取り押さえられ、法廷は混乱、傍聴人も退廷を命じられた。

傍聴した人に聞くと、公判の現場はこうだったという。

その日、11時予定だった開廷は遅れて11時25分になった。最初に植松被告の生年月日や本籍などの人定質問が行われた。職業を聞かれた被告は「無職です」と答えた。その後、検察官による起訴状朗読。それに対して意見を問われた弁護人は「被告人である植松聖さんには精神障害があり、責任能力は失われていました」として「心神喪失または心神耗弱であったと主張します」と語った。続いて弁護人が裁判長に依頼する形で植松被告の発言が認められた。

その直後、被告は「皆様に深くお詫びいたします」と言って、右手小指を口に入れた。それを見た裁判長が「静止してください」と命じ、刑務官4人が駆け寄って取り押さえようとした。しかし被告が抵抗したため刑務官らは被告を床に押さえつけて制圧。裁判長が「休廷します」と宣言して、傍聴人も退廷を命じられた。

傍聴席からはもともと被告の背中しか見えていなかったため、何が起きたかわからないまま、11時38分、騒然とした法廷は一時休廷となった。午後に再開された法廷には植松被告の姿はなかったという。

裁判は第1回公判から、波乱の幕開けとなったのだった。私は事情を尋ねるために横浜拘置支所の植松被告に電報を打ち、近々接見に行くことを伝えた。

1月10日の第2回公判は、果たして植松被告が出廷するかどうかが開廷前から関心の的となった。その公判は幸い傍聴できたのだが、植松被告は両手に大きなミトン（手袋）をつけて出廷した。

公判の冒頭で裁判長から、前回の被告の行動について、二度とそういうことがないよう厳重注意がなされた。「わかりましたね」と裁判長に促されて、被告は「わかりました」と答えた。第1回公判の途中から被告人が不在だったため、そこでの審理の骨子を裁判長が説明した。

この第2回公判の内容については、次章で報告することにして、ここでは1月14日に植松被告に接見した時のやりとりを紹介しよう。第1回公判でなぜ彼が自傷行為を行ったか詳しく尋ねたからだ。

マスコミには植松被告が法廷で「暴れた」としか報道されておらず、彼がどんな意図で自傷行為を行ったのか全く伝わっていない。そういうやり方ではだめだと思ったので、植松被告と会ってそれを話すつもりだった。

## 面会室で被告が語った驚くべき話

1月14日朝8時半頃、横浜拘置支所に着くと、新聞とテレビの記者が来ており、一緒に接見することになった。9日は接見禁止だったようで、10日は第2回公判。だから連休をはさんでその14日が、公判開始後、植松被告が報道陣に会う最初の機会だった。

面会室に現れた植松被告は、自傷行為防止のためにミトンを両手にはめていた。そして驚くべきことを語ったのだった。

まず8日の法廷で行ったことの意味を尋ねると、彼はこう語った。

「言葉だけの謝罪では納得できないと思ったからです」

「言葉だけでなく謝罪の気持ちを伝えたいということなのか。でも、どうしてあの行動だったの?」

そう尋ねると、

「それが今できる一番の謝罪の仕方と思ったからです」と言う。

「でも法廷で指を噛み切るなどというのがうまく行くわけないだろう。絶対に途中で止められるから」

とさらに言うと、意外にも本人は「いや、うまく行くと思ってました」と言う。成功しなかったのは「第2関節が思った以上に固かったから」だと言う。

どんな治療をしたのかという質問には、「傷口を縫ってもらいました」。

そして次に、驚くべき言葉を発した。

「その日は午後、拘置所に戻って医師に診てもらったのですが、たいしたことはない、と言われました。それでそのままになったのですが、翌朝6時の起床時間前に、小指を第1関節から噛みちぎりました」

法廷で失敗したので翌朝、もう一度実行したというのだ。看守が黙って見ているわけはないのだが、できるだけ静かに、気づかれないように実行したという。しかも法廷では第2関節が固かったので、拘置所では第1関節から噛みちぎったという。

ただ当然、監視カメラで見られているのですぐに見つかって、大騒ぎになり、医師が駆け付けてきたらしい。

「縫合手術でまた小指をつなげたわけね」と訊くと、

「いやもう小指の先はぐちゃぐちゃでしたから」と否定した。

「でも噛みきるのは痛かったでしょう」という質問には、

「痺《しび》れました」という返事だった。

感覚が麻痺するくらい痛かったということらしい。

初めて裁判に臨んだ植松被告の法廷に対する印象は「厳粛だな」というものだったという。その場で最初に謝罪しようと考えたのは当然のことかもしれない。ただ、私が言ったのはこうだ。

「でもあんなやり方では伝わらない。君も緊張していたからだろうが『皆様にお詫びします』というのでは、その皆様とは誰なのか、いったい誰に謝罪しているのかも伝わらなかったと思う」

植松被告は2017年夏に接見した当初から「自分のやったことは今でも正しかったと思っている。でも家族を巻き込んだことについては謝りたい」と言ってきた。だから当然、今回の「皆様」も遺族や被害者家族のみで、殺傷した相手には謝罪していないと思った。

でもそういう話をした時に、植松被告は意外なことを口にした。

「皆様には亡くなった方々も含めています」

この言葉には驚いた。「いつからそう変わったの?」と尋ねると、「今までも、亡くなった方を含まないとは明確に言ってないと思います」と答えた。確かにそのあたりについては曖昧《あいまい》だった。本人は、これまでと変わったわけではないというが、彼と継続的に接見してきた私から言えば、明らかに変わったという印象だ。

もう死刑を覚悟しているだろうから、今さら「間違っていました」と反省・謝罪するのは簡単ではないが、今回、犠牲者や被害者にも謝罪するというところまでは行き着いたというわけだ。

「いろいろな人と面会を重ねるなかで、謝罪の気持ちを言葉にした方がよいのかなと思うようになりました」とも言った。

## 弁護団の方針との大きな食い違い

ただ、その後の1月24日の被告人質問でも、植松被告は殺傷した障害者に明確に謝罪するということをしなかった。私は半ば期待して傍聴していたのだが、そうならなかった。彼にすればまずその前に主張すべきことがあったからだろう。

大きな問題は、植松被告の考えと弁護団の主張が全く食い違っていることだった。まずそれにどうけりをつけ、改めて自分のやったことの正当性をどう語るのか。そこを考えると、犠牲者への謝罪を同時に行うのは簡単ではない。恐らくそのあたりについては、被告人質問を前に、彼もいろいろ考えたのだと思う。

1月14日の接見では、植松被告は弁護団の方針に対してかなりの反発を口にした。以前から食い違いがあることはわかっていたが、実際に弁護団の主張を聞いて驚いたらしい。「嫌がらせとさえ思えた」という。公判の後に説明に来た弁護人には「迷惑です」とはっきり言ったという。

弁護団の主張は、植松被告が大麻精神病にかかっており、「事件当時心神喪失だったがゆえに無罪」

というものだ。でも植松被告本人にしてみれば、自分が精神病だと主張することは、そういう人間は生きている意味がないといって事件を起こした彼の考えを否定することになる。心失者を死なせるために事件を起こしたのに、裁判になったとたん、自分も「心失者」だと主張するのは、許容の限度を超えている。裁判が始まって改めてそう考えたらしい。

植松被告は、確定死刑囚についても、そういう人間を税金を使って生かしておくことは間違いだと言ってきた。だから自分が死刑を宣告された時には控訴もしないというわけだ。

これまでは一方で、弁護団が心神喪失を主張しても法廷でそれを否定するつもりはないと言っていた。弁護団が被告のためにそうやっていることはわかるので、それ自体はありがたいと思う、と言っていた。だが、14日の接見では、弁護団を解任することも考えているとまで口にした。面会室で最初は、もう決裂も辞さずという勢いで植松被告が語っていたので、私もこれはなかなか深刻だと思った。でもその時も一方で彼は「ただ弁護士にはお世話になっているので…」とも言った。

植松被告と弁護団の間でスムーズな意思疎通ができていないことは、これまでも感じてきたが、実際に裁判が始まって、それまで何となく曖昧にしてきたことがそうはいかなくなったようだ。

それに対して私は「君には2つの選択肢がある。決裂するか折り合いをつけるかだ」と言った。もう2年以上にもわたって公判前整理手続きが行われ、裁判員裁判が始まった今になって、流れを全部ひっくり返すのは裁判所が認めないだろう。だから折り合いをつけることができないか、弁護人と話し合ってはどうか、とアドバイスしたのだ。

折り合いをつけるというのは妥協するという意味ではない。発言機会が十分にある被告人質問で、自分の考えは弁護団と違うと言明したらいい。それも含めて弁護人は弁護人としての意見を述べるだろうし、それは不可能ではない、と。

## 被告人質問で、弁護人の主張に反対を表明

私はこれまで多くの事件に関わってきて、被告人と弁護人の方針が異なるケースも幾つか見てきた。例えば2004年に起きた奈良女児殺害事件の小林薫元死刑囚（既に執行）の場合は、本人は法廷で死刑を望むと主張したのに、弁護人は最後まで死刑に反対すると主張した。その時も私は当時関わっていた小林元死刑囚に「弁護人を解任できないでしょうか」と相談を受けた。

1月14日の接見では、最後の頃には、植松被告もだいぶ落ち着いてきて、被告人質問で自分は弁護団と違うという意見を述べるという方向に傾いたようだった。その後、23日に弁護人が接見に訪れて話し合いをして折り合いをつけたらしい。24日の被告人質問では、冒頭で植松被告が弁護団の方針を批判するという、異例の展開になった。それについては第7章で詳述しよう。

# 02
# やまゆり園職員の調書が明かした凄惨犯行現場

1月10日に行われた第2回公判は、初公判に比べれば傍聴希望者は半分以下になったが、それでも約500人ほどが抽選に並んだ。

その公判では、相模原事件の現場の詳細な状況が、当時の職員たちの調書を検察官が朗読することによって再現された。植松被告は終始、無表情のまま前を向いて聞いていた。

関係者の調書が法廷で読み上げられるのは裁判でよくあることだが、それが多人数に及び、しかも調書の全文が何時間もかけて朗読されるのは異例かもしれない。検察側の狙いは、事件当時、植松被告が心神喪失だったという弁護側の主張を崩そうということだろう。

読み上げられた供述調書は事件直後にとられたもので、極めてリアルで、傍聴していて衝撃も受けた。夕方5時近くに傍聴を終えた時には全身に重い疲労を感じたものだ。

傍聴していた遺族や被害者家族にとってはさらに衝撃だったはずで、津久井やまゆり園家族会前会長の尾野剛志さんは公判後、「初めて聞く話で、聞きながら涙が出た」と語っていた。その現場状況を語った調書は、可能な範囲で紹介しようと思うが、その前に、第2回公判全体の流れを報告しておこう。

## 受傷状況を一人ひとり報告したものの…

午前の審理で多くの時間が割《さ》かれたのは、19人の亡くなった方を甲、負傷した24人を乙、さらに負傷した職員を丙とし、それぞれA、B、C…と順番をつけて、甲Aさん、甲Bさんと、一人ひとりの受傷状況を、鑑定医の診断にもとづいて明らかにしていった報告だ。

甲Aさんについては、公判前に「記号で呼ばれるのでなく、娘の名前だけでも明らかにしたい」と遺族が主張して、マスコミに手記を公表した。犠牲となった娘は、事件当時19歳の美帆さんだ。ただ、この遺族の訴えは時間的に間に合わなかったようで、この公判では「甲Aさん」と呼ばれた。しかし、次の第3回公判からは「美帆さん」と呼ばれていた。

ちなみに甲Aさんは包丁で刺されて死亡しているのだが、鑑定の結果では防御創《ぼうぎょそう》が認められず、眠っているところを襲われたようだと説明された。防御創が認められないという犠牲者は3分の1ほどいただろうか。

寝ているところをいきなり刺されても、通常は第一撃で目をさまし、身を守ろうと手をあげるなどして防御創ができると思われる。今回の説明では一人ひとりについて防御創の有無が語られた。就寝中だったことと重度の障害者だったことの二つの要因が考えられるのだが、防御創があったかどうかこんなふうに意識的に明らかにされたのは、この事件の特徴ではないかと思う。

それと被害者が記号でこんなふうに、しかも多人数にわたって読み上げられていくというのは、傍聴していて異様な印象は拭えず、この事件の深刻さを物語っていた。私は、秋葉原無差別殺傷事件の加藤智大《ともひろ》死刑囚の公判も傍聴したが、この事件も被害者が多数にのぼり、一人ひとりの犠牲者の紹介がかなりの時間をとって行われた。ただ大きな違いは、秋葉原事件の犠牲者は実名で、その生い立ちが詳しく語られ、遺族が提供した写真が傍聴席にも見えるようにモニターに映し出されたことだ。遺族にとっては、そんなふうに家族が生きていた証しを公開の法廷で明らかにすることが死者への弔いだという意識があったように思う。

しかも秋葉原事件の裁判では、遺族が次々と証言台に立って、同じ法廷にいる加藤被告を非難し、詰め寄ったのだった。一人の犠牲者遺族のために1回の公判があてられるなど、裁判所も遺族の思いに応えようとしている姿勢が感じられた。犠牲者の人生が実名で詳しく語られ、生前、家族と一緒に写した写真が公開されるのを見て多くの傍聴人が目頭を熱くした。

今回も甲Aさんが第3回公判から「美帆さん」と実名になったことは前述したが、この裁判ではその後、もう一人の犠牲者も遺族の意向で名前のみ公開された。

そんなふうに多くの遺族が裁判に臨んで葛藤を抱いていたのだと思う。結局、公判では大半の犠牲者、被害者が甲さん乙さんと、年齢や性別も伏せられて紹介された。その異例さが、この社会における障害者差別の深刻さを示していた。

第2回公判の途中、重傷を負った尾野一矢《かずや》さんの名前だけが実名で語られた。乙Nさんの説明の次に突然、「続いて尾野さんについてです」と実名が呼ばれた時には、ホッとしたような感覚になった。しかし、尾野さんの説明が終わると再び、「続いて乙Oさんについてです」と、次の被害者からは記号で受傷状況が報告された。

午後の職員の供述調書朗読においても、尾野さんが出てきた場面だけが「尾野さん」という実名で読み上げられた。やまゆり園に入所していた尾野一矢さんは、事件当時、重傷を負いながらも廊下に出てきて、拘束されている職員に「痛いけどがんばって」と励まされ、続いて頼まれて携帯電話を持ってくるという大事な役割を果たしていた。

## 用意周到に準備された事件当日の犯行

午後の法廷では、職員の調書朗読によって犯行現場の詳細が明らかにされた。植松被告は2016年7月26日午前2時頃に複数の包丁、ハンマー、ガムテープ、結束バンドなどを入れたスポーツバッグを持ってやまゆり園に侵入。窓ガラスを割って入った、女性が入居する「はなホーム」で5人を殺害、2人を負傷させた後、「にじホーム」へ移動して5人を殺害、1人を負傷させ、その後も男性が入居する「つばさホーム」で2人を殺害、2人を負傷させた。それ以降もさらに各ホームを移動しながら犯行を重ねていった。

そのやり方は、まず夜勤の職員がいる支援員室（正式には指導員室らしいが通常「支援員室」と呼んでいたという）に押し入って、包丁で脅し、携帯電話を差し出させた後、両親指を結束バンドで結び、両手首を結束バンドで縛る。そしてその職員を脅したまま連れ歩いて、各部屋で「この人はしゃべれるんですか？　しゃべれないんですか？」と、重度障害者かどうか尋ねて犯行に及んだ。

職員は「しゃべれない」と答えた途端にその入所者が殺害されるので、すぐに訊かれた全員について「しゃべれます」と答えるようになったのだが、植松被告もそれを察知して、途中からは自ら入所者に近寄って、「こいつはしゃべれないじゃないか」と言いながら刺すようになった。施錠してある部屋は飛ばされたし、目を覚まして起きあがった入所者には「こいつめんどくさい」と言って襲わないこともあった。2人部屋で奥にもう1人入所者がいたのだが、植松被告が気付かなかったという調書のくだりもあった。

ひとつのホームで犯行を終えると、被告は連れまわした職員の手を、廊下のてすりなどに結束バンドでゆわえつけ、顔をガムテープでぐるぐる巻きにするなどして放置。次のホームへ移動するということを繰り返した。

職員2人に「この後、厚木に行く」と言っていたというから、事件前の2月に衆議院議長への手紙で予告していたように、津久井やまゆり園で殺害を行った後、他の園も襲撃するつもりだったのかもしれない。また犯行途中に「こういう人っていらないですよね」と言ったり、結束バンドで縛り上げる際に職員に対しては「君は殺さないから」と言ったりしたという。

職員も恐怖と興奮の中にあったことを、供述調書を読む場合念頭に置く必要はあるが、彼らが見聞きした植松被告の現場での行動や発言は、心神喪失かどうか判断する重要な材料であることは確かだった。

調書朗読は、植松被告が犯行現場を移動した順に、そのホームの職員の調書が読まれるという手順で、犯行全体が浮かび上がるように構成されていた。最後に調書を朗読された職員は、拘束しようとする被告の手を逃れて走り出し、ある部屋に入って外から開けられないようにしたうえで110番通報を行ったのだった。

## 「しゃべれるのか」と拘束した職員に訊いた

以下、朗読された職員の調書のうち2つを紹介しよう。夜勤の仕組みの説明といった細かい情報は省くし、細部を再現すると凄惨すぎる場面もあるので、ある程度割愛しながらまとめた。もちろんあくまでも法廷でのメモをもとにしたものだから、細部のニュアンスなど伝わっていない面もあるかもしれない。

### ●2番目に朗読された「にじホーム」勤務の女性職員の調書

《午前1時の見回りの後、支援員室でパソコンの作業をしていました。夜中も集音マイクのスイッチを入れたままにしているのですが、はなホームの方からキャーキャー、ドンといった物音が聞こえてきました。

2時前の見回りをしようとした時、人影に気付いて顔をあげると、帽子をかぶり眼鏡をかけた人物が立っていました。そして「親指を出せ」と言いました。
「誰ですか？　何でそんなことするんですか？」と言うと、犯人は近づいて私のポケットに手を入れ、職員用の携帯を取り上げました。その時、血のついた包丁と結束バンドを持っていることに気付きました。

　犯人は「植松…」と名乗り、「早く手を出せ」「早くしないと手を切り落とすよ」などと言い、手を差し出すと手首を結束バンドで縛りました。その過程で私の眼鏡がはずれたり、床に倒れたりしたため、目の周りを骨折し、下の前歯が欠けました。

　その後、腕をつかまれて２０１号室の前へ連れていかれ、「こいつはしゃべれるのか」と訊かれました。そこで「しゃべれません」と答えたところ、犯人は甲Ｆさんの首のあたりに刃物を振り下ろしました。甲Ｆさんは、「うっ」と声をあげました。

　目の前の光景が信じられず涙が出てきました。「やめて」と叫んだのですが、犯人は奥の甲Ｇさんの所へ行き、「こいつはしゃべれるか？」と訊きました。「しゃべれます」と答えると、いったんその部屋を出ようとしたのですが、結局「しゃべれないじゃないか」と言って刃物を振り下ろしました。
私は「やめて」「何でこんなことするの」と泣き叫びました。

　隣の２０２号室でも犯人から「しゃべれるかしゃべれないか」と訊かれ、私は泣きながら「しゃべれます」と答えました。すると犯人は２０２号室を出て、２０３号室を素通りして２０４号室へ行きました。途中で「こんなやつらは生きてる意味がないんだ」と言っていました。

２０４号室でも「しゃべれるの?」と訊いてきたので「しゃべれます」と嘘をつきましたが、犯人は「しゃべれないじゃん」と言って2~3回刺しました。

次に２０５号室に連れていかれましたが、利用者が上半身を起こしたため何もせずに出ていきました。私は利用者に「まだ夜だから寝ていてください」と言いました。

２０６号室でも「しゃべれるのかしゃべれないのか」と訊いてきたため「しゃべれます」と答えたのですが、無言のまま上半身を起こした甲Iさんに「しゃべれないじゃないか」と言って刺し、奥に眠っていた甲Jさんにも首元を狙って刃物を振り下ろしました。私は「やめてください」「どうしてこんなことするの」と叫びました。

２０７号室では室内の入所者が目を覚まして起き上がったのを見て、犯人は「こいつめんどくさい」と言って部屋を出ました。終始泣き叫んでいた私にも「お前めんどくさい」と言いました。

２０９号室前で犯人は私に「めんどうなやつだな。おびえすぎてる」と言い、私を結束バンドで手すりに縛り付けました。口をガムテープで押さえ、「苦しくなったら鼻で息を吸え」と言って、犯人は支援員室の方へ歩いていきました。その後、つばさホームの◯◯さんがやってきて、「もう大丈夫。犯人もつかまってる」と言いました。ホーム長の内山さんから「大丈夫?」と訊かれ、思わず泣き叫びました。

事件の後、いまも涙が突然出てきたり、精神的に耐え切れずに本日もつらくて涙が出てきました。利用者を守り切ることができずに申し訳なかった、と今も自分を責める日々が続いています。》

## 警察に通報している間にも悲鳴が…

### ●最初に通報した「つばさホーム」の男性職員の調書

《支援員室で机に向かってパソコン作業をしていたところ、扉が開いたので見たら、帽子をかぶった男がリュックのようなものを背負うか持っていました。その男が右手に刃物を持っていることに気が付きました。その刃物には赤っぽい液体がついていました。男は袋に入った結束バンドを持ち出し、「心配ないから」と言って近づいてきましたが、私はつかまらないように一気に駆け出しました。男も「大丈夫だから」と言いながら走って追いかけてきました。

廊下の奥の812号室に入り、あけられないようにしました。男は「じゃあいいよ」と言っていました。私は室内から携帯電話で110番通報しましたが、その間も隣の811号室から「うわ、痛い」という声が聞こえてきました。

電話に出たオペレーターに状況を伝えると、「電話はつなぎっぱなしにしてください」と言われ、2時45分から3時16分まで通話の状態を続けました。電話口から聞こえる警察署の様子で、出頭してきた人がいると大声で言うのが聞こえました。

廊下に出てみるとそこは血まみれで、誰か座っているように見えました。私は非常口の扉をあけて外に出ました。》

以上が読み上げられた職員の調書のうちの2つだ。植松被告は、職員に逃げられ通報されたことを知ってそれ以上の犯行を思いとどまり、やまゆり園の外にとめていた車に戻った。そしてコンビニに立ち寄った後、津久井警察署に出頭したのだった。犯行の直後から出頭に至る経緯については、創出版刊『開けられたパンドラの箱』に植松被告本人の手記が載っているので参照してほしい。

調書朗読による犯行現場の再現で明らかになったことはいろいろある。植松被告は重度障害者を選別して殺傷したと言っていたが、実際には施錠された部屋には入らなかったり、現場の状況が入所者の被害の度合いに関わっていた。そのあたりは第21章の元入所者家族の座談会でも語られている。施錠は原則禁止されており、支援のあり方と関わる微妙な問題なのだが、実際には現場職員の判断でなされていたようだ。ここには引用しなかったが、「いぶきホーム」で勤務していた職員は、調書の中でこう語っている。

《いぶきホームには合計20名の利用者がいました。そのうち、709号室の利用者については、自閉症の傾向が強く、部屋から外に出て物を壊したり、落ち着かなくなったりするので、私が部屋の施錠をしておきました。》

《いぶきホームでは、今回の事件で704、707、709、710号室については、私もしくは利用者が施錠していましたが、その他の部屋は施錠していなかったところ、施錠していない部屋はすべて植松に刃物で切られたり、刺されたりして、殺されたり、ケガを負わされたりしました。》

原則禁止の施錠をしていた部屋の入所者が助かったという皮肉な現実だった。

# 03 犠牲者遺族の証言に涙が止まらなかった

1月15日に行われた第3回公判では、まず津久井やまゆり園職員3人の供述調書が朗読された。そしてその後、犠牲者遺族の調書が読み上げられた。この章ではその犠牲者遺族何人かの調書を紹介するが、その前に職員一人の調書を少しだけ紹介しよう。というのも、この職員は植松被告と幼なじみで、被告がやまゆり園に就職するきっかけとなった人物だからだ。

なお、調書は全て元号で書かれているので朗読された通りの表記にし、随時西暦表示をカッコで補うことにする。

## ●植松被告と幼なじみの職員の調書

《私は植松聖の幼なじみであり、大学を卒業後、津久井やまゆり園のつばさホームで、利用者である障害者の生活支援などを担当する仕事をしており、植松とはほぼ同僚という関係にあります。

私と植松は、同い年で幼稚園で知り合い、小学校は違ったものの中学校で再会しました。中学校時代は2人だけで遊ぶことはなく、2人とも同じ高校に進学しましたが、高校時代もあまり交流はなく、さらに大学は別々で、年に1～2回、地元の友達たちと同窓会がてら集まる時に顔を合わせる程度でした。

大学卒業後、平成24年（2012年）4月から私は津久井やまゆり園で働き始めました。津久井やまゆり園は私が生まれるよりもずっと前から相模湖周辺にある施設であり、地元の小学校が運動会に利用者の方を招待したり、逆に地域住民が夏祭りなどの園のイベントに参加したりすることがあるなど、地域に深く根付いた施設です。（略）

平成24年夏頃、私は地元の友達との飲み会で植松と会い、津久井やまゆり園について「利用者の人たちと一緒に生活していると楽しいよ」などと言いました。すると、植松は、「へえ、俺もやってみようかな」と興味を示しました。植松の口から障害者に対する否定的な発言は全くありませんでした。

植松は、その後、かながわ共同会の採用試験を受けて合格し、平成25年度の正社員として内定しました。正社員として働き始めるまでの間も、アルバイトなどの立場で、平成24年12月から平成25年1月途中までは日中支援課で働き、1月途中から3月末までは、私と同じつばさホームに配属されて、利用者のお世話をしました。

なお、今回の事件では、つばさホームの利用者の中からも2名の死者と2名の負傷者が出ましたが、そのうち亡くなられた甲Fさんとけがをしたものの命を取り留めた乙Dさんの2人は、植松がつばさホームで働いていた当時からの利用者でした。

そして植松は、平成28年（2016年）2月頃には会話の通じないような重度の障害者をひどく差別し、軽蔑する発言をしていました。（以下略）》

この後、植松被告が事件の前年頃から急に差別的言辞を吐くようになった経緯を語るのだが、割愛する。被告の急激な変貌については、次章以降、友人たちの証言で詳細に語られる。

さて、その後、検察官は、犠牲者遺族や被害者家族の調書を朗読していく。最初に朗読されたのは甲Aさんの母親の調書だ。前回の公判まで「甲A」と呼ばれた女性は、この公判から「美帆さん」と、苗字を伏せたまま本名で呼ばれることになった。

その美帆さんの母親は、後に2月17日の第15回公判で、衝立《ついたて》で仕切られた状態とはいえ、自ら法廷に立って植松被告に怒りをぶつけた。その証言全文は代理人弁護士のブログに公開されており、第10章で紹介する。ただ、この第3回公判で朗読された調書の方が詳細な事実関係が語られているので、その一部も紹介しておこう。

その日、私は傍聴席の最前列に座ってメモを取っていたのだが、美帆さんの母親の話があまりに切なくて、涙を抑えられなくなった。障害を持った娘を大変な思いをしながら育て、絆や喜びを感じてきたのに、突然、殺害されるというのは、あまりに理不尽だった。

その後の犠牲者遺族らの調書も切ないもので、私は昼の休廷に至るまでハンカチでずっと涙を拭いながらペンを走らせた。隣に津久井やまゆり園の入倉かおる園長が座っていたのだが、彼女も途中から泣き出した。傍聴席の最前列で並んで泣くというのは目立ちすぎるし、植松被告からも見えているだろうから困ったなとは思ったが、どうしようもなかった。

その美帆さんの母親の調書の一部と、その後朗読された遺族たちの調書を、以下紹介しよう。

## 美帆に生きる希望をもらって生きてきたのに…

### ●美帆さんの母親の調書（一部）

《私は平成28年（2016年）7月26日に津久井やまゆり園で起きた殺人事件の被害者の1人である美帆、19歳の母親です。突然起こったこのような凶行に、正直理解が追いつかず、今でも頭が混乱している所もあります。「美帆はまだ生きているのではないか、いやもういないのだ」と自問自答を繰り返しており、いまだに事件の報道を見たりすることもできない状態です。

7月26日の朝6時過ぎ、私は自宅で美帆の兄のお弁当を作っていました。携帯電話のメールが頻繁《ひんぱん》に着信するので、何だろうと思って見てみると、「美帆ちゃん大丈夫？」というメールがたくさん入っていたのです。慌ててテレビをつけると、美帆が入所している施設で事件があったと報道されていました。

私はすぐに施設に電話をかけました。電話に出られた職員は、詳細を教えてくれず、「後から電話します」と話すのみでした。午前7時30分頃、施設から電話があり、職員の人から「美帆さんが被害にあわれました」と言われました。私は施設の人に、「美帆は大丈夫ですか」と聞きましたが、「とにかくすぐ来て下さい」と言うのみで、詳しい状態は教えてくれませんでした。（略）

施設に着き、入所者の家族が集まっていた部屋に通されると、そこに名簿が置いてありました。先に来ていた入所者の家族が話しており、「名簿の横に○と書かれていれば大丈夫みたいだよ」と聞こえてきたので、私はすぐに入所している美帆の名前を確認しました。美帆の名前の横には×が書かれていました。私はこの記号を見た瞬間、衝撃で頭が真っ白になり、職員に詰め寄りました。そして遺族控室に通され、椅子に座りました。

その後の記憶はほとんどありません。しばらく待っていると、警察の人や施設の人が来て、説明をしてくれましたが、何を話したか全く覚えていません。施設では、警察による検死などが行われていたようです。

すぐに会うことはできませんでしたが、後に美帆の顔を見ることができました。美帆はいつもとても温かく、私を見ると笑顔になってくれるのに、この時はとても冷たく、私の呼びかけに反応してはくれませんでした。(略)

私は、美帆と美帆の兄を女手一つで大事に育ててきました。私一人では手が足りない時は、市の支援などを受けて、兄や美帆が苦しい思いをしないようにと心がけて育ててきました。美帆が自閉症と告知された時には、ショックで頭が真っ白になりました。しかし、私は母親です。娘を支え、理解者にならないといけないと、本を読んだり、話を聞いて勉強し、美帆にあった育児方法を考えるようにしてきました。

美帆は、中学2年生の時から施設に入り、私と一緒に生活することはできず、寂しい思いをさせてしまったなと思っています。今の施設に美帆が慣れたらなるべく多く面会に行って、もう二度と寂しい思いはさせないようにしようと思っていたのに、このような理不尽な形で、美帆の人生は19歳という短い期間で突然終わりを迎えてしまいました。

美帆は世界中でたった一人の私の娘です。美帆が生まれてから365日、24時間、美帆のことは忘れたことはありません。自閉症の子は、一般的に表情がないと言われますが、美帆は表情が豊かで、楽しい顔、怒った顔、うれしい顔、笑った顔、どの顔もとてもかわいかったです。

私は小さい子を抱え、仕事もできないし、これからどうやって生きていけばいいんだろうと思い、自ら命を絶とうと考えたこともありました。1人で死ぬか、2人で死ぬか、3人で死ぬか、どうやって死のうかなどと考えてしまったことがありました。でも、当時2歳前後だった美帆の育児にとても手が掛かり、無我夢中で美帆の育児をしているうちに、死にたいなどと考えなくなり、今まで一生懸命生きることができたのです。

私は、美帆に生きる希望をもらって今まで生きてこれたのです。美帆の最後の状況を今はまだ知ることはできませんが、刃物で刺されたことが原因で死んでしまったといい、とても怖かったと思います。とても痛かったと思います。美帆にこんな思いをさせた犯人を許すことなんて絶対にできません。厳しく処罰して下さい。》

## 娘の遺体は髪を触ると血がバリバリに固まっていた

### ●甲Bさんの母親の調書

《私は甲Bの実母です。娘が突然殺されて家族全員ショックを受けています。(略)

娘は生後18カ月頃、それまでは少しずつ、言葉を発していたのに、いろんなことができなくなっていきました。心配になり、医者に診てもらうことにして、いくつかの病院に行きました。そして東海大学のお医者さんに発達障害と診断されました。とてもショックを受け、不安になったことを覚えています。でも夫と話し、大切な娘に変わりはないので何があってもちゃんと育てようと決め、大切に育ててきました。

多動とけいれんの症状があったため、夜安心して睡眠を取れたことは一度もありません。意思疎通は難しかったですが、人なつっこくてかわいい存在でした。私がソファに座っていると後ろから抱きついてきたり、言葉を話せなくても、私たちは家族皆、娘を囲んで楽しい生活をしていました。できることならもっと娘を自宅にいさせ、生活をともにしたかったと思っています。

しかし私ども夫婦も現役を引退する世代で、歳《とし》とともに彼女を全て手助けすることはできなくなりました。娘は常に、誰かの助けがなくては生きていけませんでしたので、娘自身の体力的負担、精神的負担、夫婦が死んだ後のことを考え、様々な選択肢を話し合った結果、津久井やまゆり園に入所させて、専門職員の支援のもとで生活させてあげることにしました。

事件のことを知ったのは、7月26日の午前6時頃でした。夫がやまゆり園で起きた事件のテレビニュースを見て、「園に電話して状況を確認してもらうように」と私に言いました。すぐに電話をかけましたが、職員の方は「今状況を確認中です」と言うだけでした。

大急ぎで私一人で車で園に向かいました。でも少し車を走らせたところで夫から携帯電話に連絡があり、「両親一緒に来てほしいと園から連絡があった」と言われたので、一旦自宅に戻り、夫を乗せて再び向かいました。焦る気持ちばかりで、園に着くまでが何時間にも感じられました。

行く途中で3台くらいの救急車とすれ違いました。午前7時頃に着くと、園はいつもと全く違う状態でした。救急車やパトカーが並び、カメラを持ったマスコミが押し寄せ、上空には複数のヘリが大きな音をたてて飛ぶなど、他の世界の出来事のように感じられました。

車を出て園の裏口から駆け足で坂を下りました。廊下を見渡せるドアのところまでたどり着くと、中にたくさんのマスクをした鑑識の方がいて、テレビドラマで見るような光景でした。

娘の部屋でも作業をしていたので、「甲Bはいますか?」と尋ねると、「立ち入り禁止です」と言われました。反対側の入口に行くと職員さん3人がいましたが、混乱した様子で、「管理棟に行くように」と言われました。

管理棟に着いて、ホーム長に娘の状況を質問すると、ただ涙を流すだけで何も答えてくれませんでした。娘が亡くなったことを知っていて、何も言えなかったのかもしれません。

私は早く娘の無事を確認したいと管理棟の奥に進みました。私が着いた時、夫も車を止めてちょうど到着したところでした。管理棟は大騒ぎになっており、たくさんの家族が職員に詰め寄っていました。人が集まっている机の上に名簿があり、娘の名前のところに×印が付いているのがわかりました。

私も夫も初めは理解できませんでしたが、名簿をよく見ると、他の×印の人に「死亡確認〇時〇分」と書き足されているのが見えました。×印は死亡した人を意味するのか、でも娘には時間が書き足されていないからけが人なのか、いろいろな考えがぐるぐると回り、とても困惑し、動揺しました。

夫が園長に詰め寄り、「うちの娘の状況はどうなんですか。本当のことを言ってください」と尋ねました。しかし園長は「状況を確認中」と言ったきりでした。

娘が亡くなったのを知らされたのは、午前9時頃でした。別室に案内され、医師から「甲Bさんの死亡を確認しましたが、まだ本人には会えません」と言われました。それを聞いて涙は流れましたが、別の世界の出来事のような感覚で、悲しいとか苦しいとか、簡単に表現できる精神状態ではありませんでした。

夫は淡々と医師の説明を聞いていました。もうどうしていいかわからないでいると、夫から「園にいても娘に会うにはまだ時間がかかるから、一度自宅に戻ろう」と言われ、親戚や友人に娘が亡くなったらしいということを伝えることにしました。

自宅でテレビをつけると、ヘリから映したやまゆり園の映像が中継で映っていて、戦後最大の死者、死者19名、負傷者多数、死亡者の多くが首を刺されていると報道されていました。本当に大変な事件が起き、娘はこの被害者になったと、やっと認識し始めました。

長男を伴って午後3時頃にやまゆり園に戻り、娘に会えたのは午後5時頃でした。娘はストレッチャーに乗って、布が首元までかけられ、首にはタオルのようなものが巻かれていました。閉じた目は腫《は》れ上がり、突然命を奪われ、どれほど無念であったか表情にそのまま残っているようでした。娘がどれほど怖くて、痛い思いをしたのかを想像すると、涙が止まりませんでした。

夫は娘の首元のタオルを下げて、首の状態を確認していました。娘の首はきれいな状態で傷一つありませんでした。でも髪を触ると、血が乾いてバリバリに固まっている状態で、相当な出血があったとわかりました。

娘が背中を刺されて殺されたと知ったのは、解剖の結果を聞いた時でした。娘はうつぶせで寝るのがお気に入りで、いつもうつぶせで寝ていました。刺されたのが背中とわかった時、刺される直前まで本当によく眠っていたんだな、本当に突然だったんだなと思いました。

娘は意思疎通が困難でしたが、家族には絆があり、私たちがいとおしく思う気持ちも彼女には伝わっていたと思います。紛《まぎ》れもなく、娘はかけがえのない大切な家族でした。事件の後、遺体となって家に帰ってきた時には、やまゆり園で見た時よりも少し表情が和やかになっていると感じました。

亡くなったとはいえ、自分の家、家族がいる家に帰ってきたから娘も喜んでいると感じ、家族みんなが泣きました。最後に娘と家族で会ったのは、一時帰宅で自宅に帰った7月8日~9日の一泊。娘の大好きなピザや揚げ物を用意し、みんなで娘を囲んで食事をしました。それから近くのカフェに行き、小さい頃から娘を知っている人たちにも会い、本人もとても喜んでいました。まさかその日が最後でもう二度と娘に会えなくなるなんて誰も思っていませんでした。

22年前、夫婦で相談してどちらかが死んだ時のために買った墓に、まさか娘が先に入ることになるなんて想像したこともありません。植松には殺された19人の命の大切さをよく理解させ、全員に心からの謝罪をした上で死をもって償うよう求めます。》

## 死亡したと聞かされた時には目の前が真っ暗に

### ●甲Dさんの姪の調書

《甲Dは私の父の妹で、私の叔母です。父は若い頃から叔母を実の親の代わりに面倒を見てきました。父は妹が刃物で刺され殺されたというあまりにも凄惨な事件に強い精神的な衝撃を受けてしまい、身体も弱々しくなってしまい、独り言のように「甲Dちゃん…」と小さくつぶやき、甲Dのことばかり考えているようです。

戦後の食糧難の中、甲Dちゃんは6歳で風邪をこじらせ、その後遺症で脳炎を発症し、脳に障害を負ったそうです。家族がひとときも目を離さず甲Dちゃんの面倒を見ることは生活が手一杯でとても無理だったので、入院していた脳病院の経営する施設に入所させたそうです。昭和39年（1964年）、津久井やまゆり園が開設した時、甲Dちゃんはやまゆり園に移ったと聞きました。（略）

7月26日朝4時頃、たまたまつけていたテレビで事件のことを知りました。最初は、施設の名前が報道されていなかったのですが、朝5時30分頃、津久井やまゆり園の名前が報道され、私は「大変なことになった」と思いました。午前7時頃、テレビで職員さんが走って通勤している様子が放映されると、私はやまゆり園に電話しました。しかし、対応した職員さんは「現場検証中でわかりません。折り返し電話します」と言っただけで、何も教えてくれませんでした。

午前7時30分頃、職員から電話があり、かすれるような涙声で「やまゆり園に来てください」と言って、電話が切れたのです。老年の父や母は、弟の車で後から来てもらうことにし、私は少しでも早く園に行き、甲Dちゃんの無事を確かめたいという気持ちで、電車で先に向かいました。園の最寄り駅の相模湖駅からタクシーでやまゆり園に向かったのですが、既に報道陣がたくさんいて、異様な空気でした。やまゆり園に着いて、家族であることを名乗り、正面入り口から中に入り、事務室の中にいた男性職員に声をかけました。その男性職員は慌てたように他の男性職員を呼び、呼ばれてきた男性職員は、青ざめた様子で「申し訳ありません」と深々と頭を下げて「遺族の方は下に集まっています」と言いました。この職員さんの対応から「もしかして甲Dちゃんは死んだのか」と察したのですが、一方で「本当のことであるはずがない」という気持ちでいました。

遺族の人が集まっているという場所に行くと、既に説明が始まっており、職員さんから「死亡されたご家族様へ」と書かれた配布物を受け取りました。そこにはこれから遺族としてすべきことが書かれていました。甲Dちゃんが本当に死んだとわかり、目の前が真っ暗になるような衝撃を受けました。

昼過ぎに父と母が弟に付き添われて園に到着しました。私は父に、すぐにでも事実を伝えなくてはいけないと思ったのですが、父の顔を見るととても言い出せず、とりあえず園が私たちに昼食に提供してくれたおむすびなどを食べてもらい、事実を伝えるタイミングを考えました。

食事が終わっても、どうしても自分の口から言い出すことができず、部屋に置かれていた入所者名簿のところに父を連れて行き、それを見るように促しました。その名簿には甲Dちゃんの欄に「死亡」と書かれていたのですが、私は甲Dちゃんの名前が書かれたところを指で指し、父は甲Dちゃんの死がわかったのか、突然「甲Dちゃん、死んじゃったのか」と叫びました。父が発した声ははっきりしていて、しかも震えていました。私は、父の心の痛みを感じ、胸が詰まりました。

周囲にいた入居者家族たちも、父のその言葉を聞いた途端、それまで淡々とした様子であったのに、堰《せき》を切ったかのように、みんな声を出して、泣き始めました。

午後6時頃、警察から説明があり、その後、順番が回ってきて、甲Dちゃんと会うことができました。左のあごの下をガーゼで覆われて傷が隠されていて、髪は洗髪されたようでしたが、まだ血が残っていました。父は、眠っているような甲Dちゃんの顔をしばらく見つめ、「かわいそうに。甲Dちゃん、こんなになって」と言って、甲Dちゃんの顔を両手で包むようにして、声を押し殺すように泣いたまま口を閉ざし、その後は何も言いませんでした。私はそれが現実のこととは思えず、その場に立ち尽くしていました。

事件の後、父は本当に弱々しくなってしまいました。心の中が甲Dちゃんのことでいっぱいになっている様で、写真を見ながら、甲Dちゃんの思い出話ばかりしています。私は、父のその姿を見る度に、このつらい事件を思い出せば思い出すほど、父の心は壊れてしまうのではないかと思いました。

甲Dちゃんがむごいことをされて死んでしまったということを受け止めることで精一杯で、犯人について何も考えることが今の私にはできません。ただ、犯人には自分の犯した罪の重さを十分にわかってほしい。かけがえのない家族を失った、言い表すことができない悲しみ、その全てが犯人自身の罪であるとわかってほしいです。父も私と同じ気持ちでいるのではないかと思います。》

# 長男が亡くなった日から心にぽっかりと穴が開いたまま

## ●甲Kさんの母親の調書

《7月26日の未明に、長男甲Kが短期入所していた自立支援施設のやまゆり園で敷地内に侵入した男に殺されました。亡くなったあの日から私の心にはぽっかりと穴が開いたまま、今でもその実感が湧かず、朝起きて甲Kがいない部屋を見ても、元気な甲Kが今日にでも施設から帰ってくるとしか思えません。

甲Kは生まれつきダウン症候群という障害を抱え、ハンディキャップを背負って生きてきました。甲Kは私にとってかけがえのない存在でしたし、一緒に過ごしたこれまでの生活は本当に幸せなものでした。それなのに身勝手な考えでその生活を奪われ、私は今後どう生活していけば良いのか、その答えが見つかりません。

甲Kちゃんは私たち夫婦が初めて授かった子供でした。生まれたばかりの甲Kちゃんを見た時には本当に嬉しく、涙が止まりませんでした。しかし、甲Kちゃんは他の子供と違い、1回に飲むミルクの量がとても少なく、診察した医師からはダウン症候群と告げられました。

医師の説明や自分でその症状について調べると、症状の一つに知能の遅れがあり、3歳くらいまでしか生きられない短命である可能性が高いことなどがわかりました。私は甲Kちゃんが幼くして亡くなるかもしれないと思うと、不安で仕方がありませんでした。ただ甲Kちゃんの寝顔を見ていると、そんな不安よりも短い人生かもしれないが、一緒にがんばって生きていこう、症状が改善することは全てやろうと前向きにしか考えられなくなっていました。（略）

今回の事件が起きたやまゆり園は、甲Kちゃんが中学を卒業した頃に知りました。施設にはお祭りなどの催しがある時に、甲Kちゃんを連れて行っていました。また、私に用事があって面倒を見きれない時は、短期入所という形で、施設に数日宿泊することもありました。定期的に短期入所を利用し始めたのは、数年前だったと思います。

そして、7月24日に、28日までの5日間の予定で甲Kちゃんはやまゆり園に短期入所しました。入所する時には、私と夫の他に長女家族も一緒に行きました。甲Kちゃんは、見送る私たちに手を振って施設に入っていきました。その光景は普段と何も変わりませんでした。

しかし26日の早朝、私が起床してテレビをつけると、そこにはやまゆり園が映し出され、侵入した男が、入所者を襲ったなどのニュースが流れていました。私は甲Kちゃんの無事を確認するため、慌てて施設に電話をかけたのですが、一向にその電話はつながりませんでした。その後も施設から連絡はなく、ニュースで多くの死傷者が出ていることを知ると、不安だけが増していきました。

どのくらい時間が経ったかわかりませんが、しばらくして施設から電話が来ました。私が電話に出ると施設の人から「甲K君が緊急搬送されたので、至急施設に来てください」と言われ、急いでタクシーを呼ぶと、施設に向かいました。

施設に着き、急いで甲Kちゃんの名前などを職員に告げると、控え室に案内されました。そして部屋にいる他の家族が、別の入所者の家族からお悔やみの言葉をかけられている場面を見たり、施設の職員や警察の方から、施設で起きたことなどを説明されるうちに「この部屋には亡くなった入居者の家族しかいないのではないか」との不安が生まれました。

私はいてもたってもいられなくなり、説明を終えた職員に「ここにいるということは、子供が亡くなったということですか」と問い詰めました。

職員からは「そうです」と言われたと思います。そしてしばらく経ち、職員から甲Kちゃんが亡くなった事実を伝えられました。でもその言葉を受け入れることはできませんでした。私の頭の中は真っ白になり、その場に泣き崩れるしかありませんでした。

その日の夜に、甲Kちゃんと対面しました。口元には傷があり、顔には血の気がありませんでした。私は甲Kちゃんの名前を必死に呼び続けました。でも甲Kちゃんは目を開けてはくれませんでした。ただ涙だけがあふれ出ました。私の頭の中には、なんでこうなってしまったの、どうして甲Kちゃんが死ななければならないのという疑問と、施設に入所させなければ、こんなことにならなかったのにという後悔だけが浮かび、それ以上何も考えられませんでした。

これまで必死に生きてきた甲Kちゃんの命を犯人は身勝手に奪いました。犯人に対しては、もちろん極刑を望んでいます。そうでなければ、甲Kちゃんの死を私自身が受け入れられないし、甲Kちゃんに報告もできません。》

## 04 植松被告の元交際相手女性が語った衝撃内容

ここでは1月17日の第5回公判での、植松被告の元交際相手女性Aさんの証言を紹介しよう。この女性は植松被告の両親とも会っているし、両親公認の「彼女」だ。

傍聴人にも弁護人からも見えないように衝立《ついたて》で仕切られていたが、名前と顔を伏せたとはいえ、植松被告と交際していたことを根掘り葉掘り法廷で尋ねられるのは、相当のプレッシャーだったはずだ。

しかも、実は植松被告は、事件を起こす直前に、ある女性と「最後の晩餐《ばんさん》」をするのだが、これはまた別の女性だ。Aさんは検察側からの質問に答え、続いて弁護側から反対質問を受けたのだが、驚いたのは、弁護人が最後に「これは聞きにくいことなんですが」と言った後、「付きあっていた女性はほかにもいたと思われていました?」と尋ねたことだ。

女性は「ほかにもいたと思います。彼にそのことを聞いたことはないですが」と答えたのだが、その後、検察官が「大丈夫?」「ごめんね」と言っていた。Aさん自身は傍聴席からは見えないのだが、恐らくかなり動揺して、泣きそうになっていたのだろう。検察側証人だから、その証言を弁護側が崩そうとするのは仕方ないが、「ほかにも付きあっていた女性がいたと知っていたか」という質問はいささか酷ではないかと思った。
以下、検察側からの証人尋問を再現しよう。

## 二度目の交際時には前と変わっていた

《検（検察官、以下同）　あなたが被告人と交際していたのはいつ頃ですか?
A　2014年8月頃からお付き合いし、冬に一度お別れしました。その後、2015年9月に彼から電話をいただいて、冬にまたお付き合いが始まりました。
検　最初にお付き合いした頃、既に被告人はやまゆり園で働いていたと思いますが、障害者に対して「生きていてもしょうがない」といった考えを話していましたか?
A　そういうことは全く聞いたことがありません。一度、やまゆり園の近くで入所者を見かけたことがあるのですが、「あの人は可愛いんだよ」と言っていました。
検　あなたが一度別れた理由は何だったのでしょうか。
A　私と会うのをドタキャンしたりすることが多かったので、もっと一緒の時間を作りたいよと言ったのです。そしたら「友人と会う時間を削ってまでお前と会うつもりはない」と言われました。衝撃的な言葉で、涙を流しました。彼は言ったことを曲げない人なので別れることにしたのです。
検　2015年にまた交際が始まって、被告人が前と変わったなと思うところはありましたか?
A　（入所者への）ネガティブなワードが増えました。「生きてても意味ない」「生産性ないから」といったことです。「あいつら人間でない」「どろどろの食事食べていて…」などと言っていました。

検　殺すというワードよりも、「俺がやる」と言っていました。

「殺す」と言っていましたか？
A　どうして悪く言うようになったのでしょうか。
検　コミュニケーションをとるのが難しかったり、介助してもお礼の言葉を聞くことがない、それに給料も安いし、何のために仕事してるのかわからなくなった、と言っていました。
A　あなたはそれに反論しましたか？
検　支えているご家族の存在もあるし、一人一人の人権も尊重すべきだし、家族の思いを考えると賛同できないと言いました。
A　それに対して被告人はどう反応しましたか？
検　強い口調で「お前、まじで言ってんのか」と言われました。
A　そんなこととしたら刑務所に入るよという話をしたことはありましたか？
検　しました。でも根拠もなく「何とかなるよ」という返事でした。
A　彼は友人にもそういう話をしていましたか？
検　友人にも話しており、「わかってくれるやつはわかってくれる」と言っていました。
A　実際に賛同した人がいると思いましたか？
検　思っていなかったです。適当に流したのが同意と受け取られたのかと思いました。》

## 2016年初めにはトランプやイスラム国に関心

以下のやりとりは、いつ頃の出来事か曖昧《あいまい》なまま進んでいくのだが、状況を総合すると2016年1〜2月のことだろう。当時、アメリカ大統領選でトランプが立候補し、テレビでそのニュースが流れていた。またイスラム国が人質を殺害するニュースもテレビで流れていた。

そうした世界的な動きにも影響されて、一気に植松被告は事件に至る障害者観に染まり、2月に衆議院議長公邸に殺害を予告した手紙を届ける。

封筒には手紙のほかに、彼が描いた鯉のイラストやイルミナティカードが入れられていた。イルミナティカードとはアメリカのカードゲームの一種で、そこに描かれたイラストや文字が実際に起きた事件を予言しているとして一部で話題になっていた。後述するように植松被告はこのカードの予言にのめりこみ、それが事件とも関わっていく。以下、元交際女性への質疑の紹介を続けよう。

《検　その頃、被告人はどんなことに興味を持っていましたか？

A　トランプさんに対して、この人は大統領になると言っていました。またイスラム国とか、（フィリピンの）ドゥテルテ大統領とか、ネットニュースで見ているようでした。賛同するというか、権力ある人が発信する言葉の雰囲気に影響を受けていました。

検　どんな点に共鳴していましたか？

A　国境の壁を作ったり、皆が（遠慮して）言わないようなことを言葉にしていると言ってました。

検　当時、被告人がイルミナティカードに興味を示していたと思いますが、きっかけは何だと言っていましたか?

Ａ　テレビの番組で知ったと言っていました。ネットで調べたとも言ってました。カードについてのエピソードとかも話してくれました。

検　その頃、彼の様子が変だと思ったことはなかったですか?

Ａ　特に感じませんでした。

検　事件の前に彼は措置入院するわけですが、それはどう言ってましたか?

Ａ　措置入院した時にはお母さんから連絡がありました。退院した翌日か翌々日には彼から電話がありました。

検　どんな様子でしたか。

Ａ　前と変わらず元気でした。

検　退院について何か言ってましたか?

Ａ　医者をだましたと言ってました。当初は強く抵抗したけれど、その後は聞き分けの良い子を装ったと言ってました。

検　大麻についてはどう言ってましたか?

Ａ　体に良くないのでやめた方がいいよと言ったのですが、気分良くなるし、ほかの国では合法なんだよと言ってました。

検　あなたはやめろと強く言いましたか？

Ａ　言わなかったです。やめた方がいいよと言った時に「やってもないのに言うなよ」と表情が変わったのです。

検　大麻を使っているところを知ってましたか？

Ａ　振り返ってみればあれがそうだったのかと思うことはあります。彼の行動を見ていてどうなのかと思うことがあったし、タバコを幾つか選んで吸う時に見たら、タバコの先がよれていました。コンビニでタバコを買ってきて、小袋に入ってる茶色のものをタバコの先に入れていました。

検　吸った時に変わった様子はありましたか？

Ａ　少し元気になったり、楽しそうな感じになりました。

検　退院後に被告人は生活保護を受けるわけですが、どうして支給が認められたか言ってましたか？

Ａ　うつ病と言ってました。役所に行く時にも「うつ病のふりしてくるから」と言ってました。ケースワーカーの方がいらっしゃる時には「今からふりしてくる」と言ってました。「どこかでばれるよ」と言ったのですが、「大丈夫だよ」と言っていました。

検　その頃、障害者への発言はどうでしたか？

Ａ　ネガティブな発言でした。「生産性ない」とか「生きてても仕方ない」と言っていました。

検　事件についてどう言ってましたか？

Ａ　先駆者になる、刑務所に入っても世間の人がわかってくれてすぐに出てくると言っていました。

検　どうしてそう考えたのでしょうか？

Ａ　トランプ大統領とか過激な発言で称賛を浴びたりしていたし、自分もそこに入りたいと言ってました。

## 映画「テッド2」をＤＶＤで見て「これだ！」と

検　映画を見て障害者について話したことがあったそうですね。

Ａ　「テッド2」の映画をＤＶＤで自宅で見ていた時、人権についての話になりました。テディベアの人形に人権を与えることができるのかという議論があったのですが、自己認識できることが人間だという話に、「俺が言いたかったのはこれだ！」と興奮していました。私の肩を叩いて、「これだ！」と目を輝かせていました。退院して翌月くらいだったと思います。

検　彼と一緒にやまゆり園の関係者に会ったことがありましたか？

Ａ　5月頃にコンビニでお会いしました。彼が敬語で話していたので、先輩にあたる方かと思いました。ヘコヘコしている感じでした。恰幅《かっぷく》の良い男性でした。

検　どんな話をしましたか？

Ａ　（彼がやめた後）園の方でも体制が変わったり、対策とられたり、防犯カメラ設置したよと言ってました。彼は「どこについたんですか」と訊いていました。でも先輩は「お前、本当にやめろよな」と彼に言い、私にも「よく言ってあげて下さいよ」と言いました。

検　先輩と別れた後、彼はどんなことを言ってましたか？
Ａ　怒った口調で「まじで、そういうこと言うなよな」と言ってました。
検　あなたは5月頃に彼から書いたものを見せられたそうですね。
Ａ　『新日本秩序』とありました。「ニュージャパンオーダー」とも書いてありました。大麻の合法化とか書いてあったと記憶しています。
検　その後、恋人としてお付き合いは続けていたのですか？
Ａ　続けていました。7月上旬に大阪に旅行に行ったり楽しく過ごしました。
検　彼はその間に美容整形をしたわけですね。
Ａ　見た目がいい方が得だと言ってました。整形した後、俺の言うこと聞いてくれるようになったと言ってました。
検　体も鍛えていたのですね。
Ａ　ジムに行って体を鍛えていました。プロテインを飲んだり、ムエタイをやったりしていました。
検　彼との間で予定していたことがあったのですね。
Ａ　8月には花火大会とか格闘技を見にいこうと話してました。私の仕事の都合でどちらかしか行けないとなったら、彼の都合で格闘技を優先していました。》
〔注〕実際にはこの7月26日未明に植松被告は事件を起こす。だからAさんとの8月の約束は何だったのか謎だ。なおAさんの話に出てくるムエタイは格闘技の一種だ。

## 施設の仕事を「一生懸命やっても報われない」と

《検　被告人の性格をどう思いますか？

A　楽観的、自分の意見を曲げない、目立ちたがり屋の面があります。出かける場所を決める時も彼の意向を優先していました。ＤＶＤを借りる時も、こっちが見たいと言っても彼が提案した方に決まっていました。

検　人によって接する態度が変わることはありましたか？

A　きれいで可愛い人には紳士的で、ふくよかな女性にはぞんざいに接していました。刺青《いれずみ》の先輩とか地位のある人には、尊敬しているという態度でした。

検　被告人に借金があることは知ってましたか？

A　ありました。１００万かそのくらいだったと思います。督促の電話が入って、低姿勢で対応していましたが、終わってからは「こんな電話、意味ねえよ」と言っていました。

検　あなたにも借金していましたか？

A　脱毛に行くからというので２～３万円、あるいは４万円くらい貸しました。

検　それは戻ってきましたか？

A　（少し沈黙した後）返ってきていません。

検　被告人の車の運転はどうでした？

A　荒い運転で、対向車線にはみ出したり、一般道で100キロくらい出してました。
検　あなたはなぜ彼と別れなかったのですか？
A　一緒にいて楽しい場面もたくさんありました。私のことを考えてくれたり、仕事の後に迎えにきてくれたこともありました。ご両親にもお会いしたし、私にとっては大切な人でした。
検　やまゆり園を辞めたことで何か言ってましたか？
A　現場に関わることで、彼の中でも疲弊したこと、彼の中で屈折したものはあったようですが、いい方へ向かっていくのかと思っていました。「一生懸命やっても報われない、（入所者に）お礼の言葉も言ってもらえない」と言ってました。》

この法廷は、証言台を衝立で区切るなどしたため、傍聴人などの入廷退廷に時間がかかり、Aさんの証言は10時半の開廷から午後2時頃までかかった。

質問に出てきた『新日本秩序』は、植松被告の世界観をまとめたもので、当初は6項目、後に環境問題への対策が追加されて7項目となった。後の被告人質問でその内容は詳しく紹介される。なお植松被告はその『新日本秩序』をまとめた大学ノートを2017年8月、『創』編集部に送ってきた。

05

# 中学・高校の友人が語った少年時代の植松被告

1月20日の第6回公判に出廷した植松被告は、ミトンをはずし、右手小指に包帯を巻いていた。この公判では、弁護人によって、植松被告の友人たちの調書が朗読された。植松被告が2015年頃から様子が変わり、障害者への差別的言葉を口にするようになっていったという、その変貌ぶりが、友人たちの証言で明らかにされた。

弁護側は、大麻精神病によって植松被告の人格が変わってしまったと立証しようと考えたのだろう。植松被告の中学・高校時代のこともよくわかる、その友人たちの証言の幾つかを紹介しよう。

## 被告の高校時代の交際相手女性の証言

《私は植松聖とは同じ高校の同級生で交際していた時期があり、出会ってからの植松との交際状況について話します。平成17年（2005年）当時、高校には普通科、調理科、情報処理科などがあり、私が入学したのは調理科でした。調理科には2クラスあり、私と植松は高1の時、同じクラスになったことから知り合い、その年の8月頃、植松から告白されて付き合うことになりました。

付き合ってからは朝一緒に登校したり、植松はバスケットボール部でしたが、私が植松の部活動が終わるのを待って一緒に帰ったり、土日にも会っていたため、常に一緒にいました。交際中の植松は優しく、連絡もまめで記念日に手紙をくれたりするなど、私のことを大切にしてくれました。

交際から1周年の記念日だったと思いますが、植松は私に内緒で同級生と一緒に選んだ指輪を「そんなに高いものじゃないけど」と言って渡してくれました。サイズがあわずブカブカでしたが、私は初めて好きな人から指輪のプレゼントをもらってとてもうれしかったため、大切にしていました。

高校2年生の頃、互いの異性にやきもちを焼いて喧嘩《けんか》し、2回ほど別れましたが、いずれもしばらくして仲直りしました。そして恐らく2回目の仲直りの時だったと思いますが、休日のお昼頃、突然植松から「今から会えないか」と言われ、高校の最寄り駅にいくと、花束を渡されたことがありました。わざわざ私のために花束を買ってきてくれたことがうれしかったのを今でも覚えています。

私たちは土日には互いの実家にも行き来していました。植松の実家に初めて遊びに行った日、私は緊張していたのですが、植松のお母さんは「あら、かわいい子ね。聖、よかったじゃない」と言って、優しく声をかけてくれたため、とてもホッとしました。またその後も植松のお母さんは「喉《のど》渇いてない？」などと気遣ってくれました。

植松のお父さんは、口数が少なく、最初は取っつきにくい印象でしたが、ある日声をかけられ、リビングに行くと、お昼ご飯にパスタを作ってくれており、私が「おいしい」と言うと、お父さんも「そうか」と嬉しそうに答えてくれ、徐々に打ち解けていきました。

植松は両親に対して、私とどこへデートに行ったかなど、何でもオープンに話しており、植松の家族は仲が良さそうにみえました。また私の母も植松のことを、「ハキハキと明るくあいさつができていい子だね」と言って、好印象を持ってくれたようであり、私の父も、娘に彼氏ができたことについて複雑な気持ちもあったようですが、「いいじゃないか」などと言って、特段悪い印象を受けている様子はありませんでした。

交際していた当時、植松は根は純粋な人だと感じたことがありました。ある日、ゲームセンターに遊びに行った時、誰のものかわからない財布が置き去りになっており、植松がそれを勝手に開け、お金をゲームで使いきったことがあります。帰宅後、植松から電話があり、「今日お金を使ったことを思い返したんだけど、やったらいけないことだった。いやな思いをさせてごめんね」と謝ってきました。私は、植松は良いことと悪いことの区別ができ、純粋なところがあると思いました。

植松はクラスの中ではリーダー的な存在でした。例えば体育祭の時、ダンスの練習をめんどくさがっている同級生に対して、大きな声で「やるぞ」などと声をかけ、場の雰囲気を明るくし、みんなのやる気を起こさせていました。

その一方で、気にくわないことがあると当たることもありました。例えば嫌いな先生に身だしなみについて注意されると、腹を立て、教室内にある教卓を思いっきり投げたり、黒板や壁を殴ったり、ゴミ箱を蹴ってひびを入れたりして暴れたことがありました。

ただ植松はいつも散々暴れた後は腕組みをしながら転がった教卓や、ゴミが散らかった様子を見て、一人で片付けて元通りにしていたため、クラスの女子たちはあきれながらも笑っていました。高校3年生の時も私は植松と同じクラスになりましたが、その頃には精神的に成長したのか、物にあたることはほとんどなかったと思います。

高校2年生の夏頃、植松はバスケットボール部の部員を殴ったことで1カ月の停学処分を受けました。私は植松がなぜその部員を殴ったのかわかりません。

平成18年（2006年）の秋か冬頃、私は植松とほかの女子生徒との関係にやきもちを焼き、喧嘩になり別れることになりました。高校3年生になると、私も植松も別の相手と交際し始めたため、関わりあうこともほとんどなくなりました。

高校卒業後、私と植松はそれぞれ別の大学へ進学しましたが、大学2年生になった平成21年（2009年）夏頃、突然電話がかかってきました。その時、植松は大学の教育学部に通っていて、将来は教師になると話していました。その後私は植松から久しぶりに会おうと言われ、新宿で会い、交際中の思い出話をしました。その時の植松は明るくて優しかった高校生の頃のままでした。

大学4年生になった平成23年（2011年）頃、植松は確か背中だったと思いますが、身体の広範囲に刺青《いれずみ》が入っている写真をメールに添付して送信してきました。私は驚き、刺青を入れてしまうと教師になることは不可能と思い、植松に電話をして「教師になるんじゃないの？　ばかじゃないの」と言いました。植松は「ばれないようにする」と言ったため、呆《あき》れてしまい、なぜ刺青を入れたかなど詳しい事情について聞くことなく電話を切りました。

社会人1年目の平成24年（2012年）夏頃、私は高校の同窓会で植松と会いましたが、植松は、高校生の頃とは異なり、周囲の友人にも気を使いながら会話を楽しんでいて、大人になったなと好印象を受けました。植松自身も周囲の友人に対し「俺、変わったでしょ、大人になったでしょ」などと言っていました。

その後も植松とは半年に1回くらい連絡をとっていました。私はその頃結婚、転勤、妊娠などで忙しく、植松の話は話半分に聞いていたためその内容をよく覚えていません。ただ植松は電話をするたびに、「彫り師になった、障害者施設で働いている、キャバ嬢を送り迎えする運転手をしている」などと職を変えていた印象があります。

## 「今の植松は私が知っている植松ではないと感じた」

平成27年（2015年）8月末頃、植松から電話があり、「俺、最近病んでるんだよ。お前は結婚して、妊娠して、幸せな家庭を築けて人生大成功だな」などと、ため息混じりに言われたことがありました。私が「彼女とかいないの？」と尋ねると、植松は「今はきちんとした彼女はいない」とか、「彼女と別れた」といった話をし、また「この先どうなるんだろう」「そういえば親が近所の猫のことでトラブって、引っ越した」などと言いました。

そして容姿の話をし始め、「お前は普通よりいいんじゃないか、でもお前の旦那《だんな》はそこまでいい顔じゃなかったよな」と言いました。私は植松に主人を悪く言われて少し頭にきたため、「お前よりいいわ」と言い返すと、植松は「そうだよな、整形するしかないな」と笑いながら言ったため、私は冗談で「そうだね、するしかないね」と返しました。

その電話の後、しばらく経って、植松がLINEで「鼻を整形しました」というメッセージを送ってきて、さらに整形前の顔写真と整形後の顔写真を送ってきたので、私は植松が本当に鼻を少し整形したとわかりました。

その後、平成27年11月頃、私は植松から電話でイルミナティカードについて話をされたことがありました。その時、植松はいきなり「イルミナティカード知ってる? ネットで調べてみて」などと言ってきたため、私は電話を切って、イルミナティカードについて調べました。すると植松からLINEで「今までの世界の大きな事件は予言されていた。これを見て」などというメッセージが、イルミナティカードの画像とともに送られてきました。

植松はまだ事件が起きていないカードとして、ある画像を送ってきた後、電話で「このカードを反対から読むと3、10、4という数字が浮かびあがり、〝さとし〟になる」と話し、「すごくね?」などと興奮気味に言っていました。私は植松がよくわからないカードにはまっているなと思い、相手にするのもばからしいと思って、「さとしなんて世の中に何人いると思ってるんだ、あほらしい」と言いました。しかし植松はそのカードをすっかり信じ切っている様子でした。

植松からLINEで障害者に対して差別するようなメッセージを受け取った時のことをお話します。

恐らく平成28年（2016年）2月頃だと思いますが、突然LINEで「今電話できる？　旦那さんもいたら一緒に聞いてほしいんだけど」というメッセージが送られてきました。夜遅い時間だったこともあり、主人の食事も作らなければならなかったので、「電話はできないからLINEで言って」などと返信しました。ここからは、そのLINEのやりとりをもとに話します。

植松「話は障害者の命のありかたです。目、耳などに障害がある人たちは尊敬しています。しかし、生まれてから死ぬまで周りを不幸にする重複障害者は果たして人間なのでしょうか。彼らは一生車椅子に縛られ、どろどろの食事を食べています。拷問です。話続けていい？」

ここまで読んだ時点で、私は高齢者の介護の仕事をしていた時に、嚥下《えんげ》機能が低下している人に対し、どろどろの口内にデザートのイチゴをまぜて、無理やり流し込んだことを思い出しました。その当時私自身、このサービスはこの人にとって本当に良いサービスなのかと疑問に感じたことを思い出し、植松の気持ちも理解できると思いました。

介護職も障害者の支援職も日常生活に不自由がある人を支援するという点では共通しており、相手を助けてあげたい、喜ばせてあげたいという思いでその職についても、現実を目の当たりにすると理想とのギャップに苦しむことがあることは、私自身経験してわかっていました。それで、私は一経験者として植松の話を聞いてあげようと思い、植松の「話続けていい？」という問いに「いいよ」と返信しました。するとと、植松からさらにメッセージが送られてきました。

植松「人口は増えすぎています。人権は最大の約束事であるべきですが、人の形をしているだけで、彼らは人間ではありません。彼らは重複障害者です。会話は人間の文化であり、幸せの共有に不可欠なものです。意思疎通ができなければ動物です。牛や豚、犬、ごきぶりは殺すのに、彼らを生かすために莫大な費用がかかっています。お金がなくて戦争するならもっと考えることがあると思います」

私はそのメッセージを読んで、「人の形をしているだけで彼らは人間ではありません」という言葉に「この人は何を言っているんだ」と違和感を感じました。それで「彼らとは？」と送ると植松から「重複障害者です」と返ってきたので、驚きました。

それでも私はとりあえず植松の言い分を聞こうと思い、「続けて」と送りました。植松は「重複障害者は生きている意味がない。施設にいる障害者の面会に来る家族の顔は疲れ切っている。重複障害者は税金もかかるし、家族も疲れさせるし、人を不幸にすることしかしない。重複障害者は果たしてこの世に必要なのでしょうか。必要ない、排除しなければならない。重複障害者を安楽死させられる世の中にしなければならない。抹殺すべきだ」などというメッセージを次々と送ってきました。

私はそれまで植松が人の命を軽くみる言動をしているのを見たことがなく、安楽死という言葉を持ち出したことにも大きな衝撃を受け、今の植松は私が知っている植松ではないと感じました。私は何とか以前の優しい植松に戻ってほしい、今ならなんとか戻すことができるのではないかと思いました。それで私は植松に対し「なかには、障害者と会いたくないという家族もいると思うけど、全員がそういうわけじゃないよ。私が働いていた時も毎日面会に来てご飯を食べさせてあげる家族もいた。それにもし、私の息子が障害を持って生まれてきたとしても、私の息子だから生きてほしいと思うし、そう思う人もいるんじゃないの」と返信しました。植松は「それはきれいごとじゃないですか」などと返信してきたため、私の言っていることが全く心に響いていないなと感じました。

私は「息子を妊娠した時に旦那の母親から『授かった命は絶対に産んで育てなければいけない。その使命がある』と言われたし、田舎の方では妊娠中にお腹の子が障害者とわかっても、生まなければならない暗黙の了解みたいのがある。生まれてきた障害者を抹殺するくらいなら、家族がお腹の子を産むのか産まないのかの選択を自由にできるようにするのが先なんじゃないの」などと送りました。

しかし、植松は私の主人の母を指して「ひどい母親だな」と悪く言うメッセージを返した後、なお「重複障害者は排除すべき」という内容のメッセージを立て続けに送ってきました。私は、もう植松に何を言ってもだめだ、障害者を殺して世の中から消し去るという凶悪でゆがんだ考え方が正しいものと完全に思いこんでおり、自分の反対意見を受け入れるつもりがないのだ、とわかりました。だんだん植松から送られてくるメッセージを読むのも嫌になったため、私は「洗脳がとけたら連絡してこい。今はもう連絡してくるな」と送って、植松からのＬＩＮＥのメッセージをブロックしました。そのため、これ以降、植松からＬＩＮＥが送られてきたのか、わかりません。》

## 幼なじみの友人が語った中学時代の植松被告

続いてもう一人、別の友人の調書だ。

《私は植松聖とは幼稚園、小学校、中学校が一緒の同級生であり、平成28年（２０１６年）２月、植松聖から「障害者を殺そうと思っている」などと聞かされたので、植松について知っていることを話します。なお植松聖のことは、普段「さと君」と呼んでいたので、さと君と呼んで話します。

私はさと君と同じ幼稚園、小学校、中学校に通園通学していました。小学校には同じ学年にK君（法廷では実名）という重い知的障害の子がおり、この子は自分の頭を叩いたり、授業中でも走り回ったり、友達の消しゴムを口に入れ、その口に入れた消しゴムをそのまま友達に返したりする子でした。また1学年下にも知的障害の子がおり、私たちの同級生の女の子を階段で突き飛ばしたことがあり、その女の子がケガを負ってしまいました。このように小学校には知的障害の子がいたものの、当時、さと君から知的障害の子らに対する偏見や差別的発言を聞いたことはありませんでした。それは中学校時代も同様でした。

中学卒業後、私は高校に進学し、さと君は別の高校に進学しました。その後、さと君は大学に進学すると、髪を茶色に染めたり、服が派手になったりして、いわばチャラくなってはじけた感じになり、しばらく経つと刺青を入れるようにもなりました。地元の友達は20歳頃から脱法ハーブを吸っていたのですが、さと君も確か21歳頃には脱法ハーブを吸うようになり、恐らくその後2年以上は吸っていました。そして平成25年（2013年）頃には大麻も使うようになりました。

さと君は大学卒業後、1年近く自動販売機に飲料水を補給する仕事をした後、平成25年頃、津久井やまゆり園に勤務し始めました。津久井やまゆり園についてはいつ頃だったか覚えていませんが、さと君は「年収300万円だし安いな」などとぼやいていたことがありました。でも仕事については、勤めだした当初は「障害者はかわいい、仕事は面白い」などと言っていました。

さと君が私に対して「障害者を殺そうと思っている」などと言い出したのは平成28年（2016年）2月11日のことです。夜、私が自宅にいると、さと君から電話がかかってきました。さと君は私に「折り入って相談したいことがある。やまゆり園にいる障害者を殺そうと思ってるんだけど」などと、いきなり言い出しました。さと君は平成27年（2015年）の夏頃かと思いますが、私と遊んでいる時に携帯電話でカードのようなものの画像を見せて、「イルミナティカードが予言している」などと言い出すようになり、ちょっと変わってきた印象があったのですが、私はまさか「障害者を殺そうと思っている」などと言い出すとは思わず、本当にびっくりしました。

それで私は「なんで」と尋ねたところ、さと君が具体的な人数や金額のところまでは記憶にありませんが、「世界でいくら無駄な税金が使われているか。全世界に障害者が○人いて、その障害者に○円の金が無駄に使われている。俺が障害者を殺してもすぐには変わらないだろうけど、俺が殺したことに世界が共鳴して、同じことが世界で起こる。そうすれば障害者に無駄な金が使われなくなって、他のことに金が使われることになるし、世界平和につながる。ドナルド・トランプは俺が障害者を殺したら大絶賛するよ」などと言っていました。

これを聞いて、私はそんな非現実的な話かと呆れました。しかし、さと君は続けて「安倍総理に手紙を書こうと思っているんだけど内容を聞いて」などと言いました。何か文面を読み上げていくような様子で「私は障害者を何十人、何百人抹殺することが可能です。その暁《あかつき》にはお金を下さい。捕まったら釈放して下さい」という内容のことを言い、その後「それくらいのことを考えているんだよね。具体的な作戦内容や殺し方はこれから考える。安倍総理の許可をもらったら実行するよ。お金もらったら遊ぼう」などと言い、それで私は「安倍総理が障害者を抹殺する許可を出す訳がない」と思ったので、「許可はおりないから大丈夫だ」などと言いました。さと君は「なんで否定的なの。でも、障害者なんていらなくない？　自分では何もできないし、家族は自分で面倒を見られないから、施設に入れているんだし」などと言ってきました。

　私ははっきり言って、さと君が頭がおかしいのかと思ったので、「やばいね。なんでそんなことを考えたの」と言いました。さと君は「UFOを見たんだ。1日に2回見たらすごい使命感が生まれたんだよね。俺だって殺したくないんだよ。殺したら夢にだって出てくるだろうし。でも、殺さなきゃいけないんだ」などと言いました。私は「さと君がやらなくてもいいんじゃない」などとも言いましたが、さと君は「俺にはできる環境があるから俺がやるんだよ」などと言って、さと君が津久井やまゆり園に勤めているからこそ、障害者を殺すんだと言っていました。（略）

　それから1週間もしないうちに、私はさと君が実際に手紙を出したこと、津久井やまゆり園をやめ、警察に連れていかれたこと、精神科の病院に入院したことなどを聞きました。そして平成28年2月上旬に、さと君が退院して間もなくだったと思いますが、さと君から電話がかかってきて私に「障害者の気持ちがわかったから落ち着くよ」などと言ってきました。また7月21日の夜、さと君から電話がかかってきて、私に子供が生まれたことについて「おめでとう」と言われたのが最後になりました。》

# 06 「最後の晩餐」に誘われた大学後輩女性の証言

前章に続いて弁護側が朗読した友人の調書から、ここでは大学時代の友人の証言を紹介しよう。まず前章と同じ1月20日の第6回公判で朗読されたもの、続いて1月21日の第7回公判で朗読された、被告に「最後の晩餐《ばんさん》」に誘われた女性の調書だ。被告が出会ったデリヘル嬢の調書も紹介する。

## 大学の後輩女性の証言「さと君が別人のように思えた」

《私の大学の先輩である植松聖さんが、障害者施設で障害者の方を殺害するなどの事件を起こしたと聞いて、いまだに信じることができません。植松聖さんのことを「さと君」と呼んでいましたので、そのように呼んで、お話しします。

私とさと君は、大学のフットサルのサークルで知り合いました。さと君は私より学年が2つ上の先輩でしたが、明るい性格で、サークルの中では人気者でした。先輩や後輩に対し、隔てなく、気を使う優しい先輩でした。

サークルに新しく入ってきた後輩が、なかなか先輩たちの輪に入れていないのを見たりすると、その手を引っ張って輪の中に入れようと努力している姿を見たことがあります。またサークルの仲間同士で居酒屋に行った際、居合わせたお年寄りが話しかけてきた際に、サークルの他のメンバーはめんどくさいからと相手にしなかった時、さと君は一人で熱心に聞いていました。

さと君は大学で学部に関係なく、たくさんの男女の友人がいました。私は先輩としてさと君のことを慕っていました。ただ、いわゆる男女の関係ではありませんでした。

私は大学在学中も卒業した後も、悩みがあれば、さと君に相談し、さと君は真剣に相談に乗ってくれました。さと君は大学時代、教員を目指していて、大学で教育実習を受けた際、子どもはかわいいよと言っているのを聞いたことがあります。

さと君が大学を卒業した後、障害者施設で働くようになって間もない頃だったと記憶していますが、私が就職活動で悩んでいた時、さと君は私に「仕事ってお金のためじゃなくて、やりがいだと思う。施設では、刺青《いれずみ》を入れている自分に対しても障害者の人はキラキラした目で接してくれる。今の仕事は自分にとって天職だ」と言っていました。

ところが、平成28年（2016年）2月頃、さと君から電話で施設の仕事を辞めたことを聞きました。その時、さと君はストレスを感じ、「自分の考えていることと施設が考えていることが合わない」などと言っていたことから、そういう理由で仕事を辞めたのかと思いました。私がさと君から仕事に対する不満を聞いたのはその時が初めてでした。

その後平成28年の5月に、さと君が私に電話をかけてきました。電話の途中でさと君は急に厳しい口調になり、「重度の障害者についてどう思う?」と訊いてきました。私は「どうしたの?」と訊き返しました。すると、さと君は「重度の障害者の親は面倒を見ずに施設に預けたまま面会にも来ない。重度障害者は食事と言えるようなものでないものを食べている。意思疎通のできない重度障害者は人間以下だ。そいつらのために国は税金を使って養っている。国の税金はもっと別のところに使うべきだ。自分の考えは間違っていない。だから安倍総理大臣に手紙を出したんだ」などと一方的に話してきました。

さと君の様子がおかしかったので、私が「どうしちゃったの?」と訊いたところ、かっとなった様子で「だからね」と言って同じ話を繰り返して話しました。そして電話の切れ際に、「ごめん、こんなことという話ではなかったよね」と言って終わりました。私は、この時のさと君が、今までのさと君ではなく別人のように思えました。(略)

私はさと君が、大学卒業後、ツイッターに大麻について合法化をするべきだという書き込みをしていたのを見たことがあります。またさと君が平成28年に入ってから、ツイッターに占いのカードのようなものをアップして、わけのわからないようなことを書き込んでいたのを覚えています。

さと君のしたことは許されることではなく、当然責任をとらなければいけないと思っています。ただささと君の様子がおかしいと思った時点で、もっとさと君に向き合っていれば、今回の事件を起こすこともなかったのではないかと思うと悔やまれてなりません。》

## 「最後の晩餐」に誘われた後輩女性の証言

友人の調書朗読は1月21日の第7回公判にも行われた。その中には、植松被告が事件を起こす直前に「最後の晩餐」に誘った大学サークル後輩女性の調書もあった。以下紹介しよう。

《私は、植松聖君の後輩であり、聖君が津久井やまゆり園で大勢の人を殺したことはニュースなどを見て知っています。植松聖君が事件を起こす数時間前の平成28年（２０１６年）７月25日夜、私は会っていましたので、これから私が知っていることをお話します。なお、私は植松聖君のことを普段「さと君」と呼んでいましたので、これからそう呼んでお話します。

私は平成22年（２０１０年）４月、大学に入学し、フットサルサークルに入会したのですが、その新歓コンパで同じ大学の３年生だったさと君と知り合いました。明るくて優しい先輩という印象を持っており、サークル仲間として一緒にフットサルや飲み会をし、さと君が平成24年（２０１２年）３月に大学を卒業して以降も、さと君ら先輩は、飲み会などに来てくれて、顔を合わせていました。

平成28年2月17日、突然さと君から私の意見を聞きたいとして、重度障害者などに関する内容のＬＩＮＥが送られてきました。「重複障害者は人間ではない。重複障害者を生かすのに莫大な費用がかかっている」などといった内容でした。私はふざけてＬＩＮＥを送ってきているのかと思って、「病んでる?笑」と尋ねました。それでもさと君は「重複障害者は不必要である」と答えました。

私はいつ頃だったか覚えていませんが、さと君から地元で障害者の介護のような仕事に転職したと聞いていました。さと君が転職したばかりの頃は、障害者や仕事内容について「みんな可愛いし、この仕事は天職かも。家族とかが会いにこないのは可哀相」などと言っていましたが、私とは仕事の話はほとんどしないので、詳しい事情はわかりませんでした。

そのため私は2月17日に送られてきたLINEを見て、さと君が仕事のことで悩んでいることがあるのかと思い、「仕事について病んでるわけ?笑」と尋ねたところ、さと君は「死後の保険金として300万円入る」という話をしていました。

私にとってさと君は大勢もしくは友人の中で一緒に遊ぶ相手でしたが、平成28年6月30日、2人で新宿にある高級焼き肉店に食事に行こうと誘われました。さと君から2人で食事に行こうと誘われたのは初めてでした。これまで私はさと君から恋愛感情を寄せられていると感じたことはありませんでしたが、さと君がかしこまった言い方で「2人で食事に行こう」と誘ってきたことから、私は自意識過剰かもしれませんが、もしかしたら告白されるのかもしれないと思いました。さと君に彼女がいるかどうかこの時点では知りませんでしたが、そもそもさと君とはサークル仲間であり、いわば兄妹のような関係だと思っていたので、仮に告白されても付き合うつもりはありませんでした。とはいえ、さと君の食事を断る理由もなかったので、2人で食事に行くことにしました。

私は7月後半であれば予定があいていたので、7月27日に新宿にある高級焼き肉店に行くことになりました。この際、さと君は私のことを「世界で一番美しい」と言ってきました。私はこれを聞いて、もしかしたら告白されるかもしれないと思いましたが、一方でさと君はこれまでも「可愛いね」などと軽いノリで言ってくることもあったので、冗談で言っただけか、とも思いました。

## 「さと君は『時が来たんだよ!』と答えました」

こうしてさと君と2人で食事に行くことになったのですが、7月25日になって突然、さと君から、その日の夜に行こうと言われました。LINEを見ればわかる通り、さと君は7月25日午前5時21分に私に「7月27日に食事に行く予定を7月25日に変更してほしい」と言ってきました。

私は仕事が終わった20時か21時頃であれば大丈夫でしたので、さと君にその旨を伝え、代々木駅で待ち合わせることにしました。そして平成28年7月25日20時45分頃に代々木駅に着いて、さと君に電話をすると、移動中とのことでしたが、少ししてタクシーに乗って代々木駅に来たので、私はそのタクシーに乗って、さと君と一緒に新宿区歌舞伎町にある高級焼き肉店に行きました。

タクシーの車内での会話であったか、お店についてからの会話であったか記憶がはっきりしませんが、私がさと君に「なぜ日程を変えたの?」と尋ねたところ、さと君は「時が来たんだよ」と答えました。私は何を言っているのか理解できませんでしたが、これまでもさと君から私の思いもよらない返答をされて笑ってしまうことがあったので、「時が来た」の意味を聞くことなく聞き流しました。

お店に着いたのは、21時頃だったと記憶しています。私とさと君はテーブル席で対面に座りました。私はすぐにトイレのために席を外しましたが、戻ってきた時にはさと君は注文をしてくれていて、ちょうど店員さんがテーブルを離れるところでした。

注文を終えると、私はさと君が仕事をしていないことを知っていましたので、「仕事してなかったけど、どうするの?」と尋ねました。するとさと君は「新しい法律を6個作りたい」と言いました。私はさと君に「は? 一応聞くけどなに?」と尋ねました。さと君は、1つ目として、意思疎通できない人を殺すという内容のことを言いました。

私はさと君が意思疎通できない人を殺すと考えていることについて、恐怖を感じたので話を流そうと、「次は?」と言って話を続けるように促したところ、さと君は2つ目として「大麻を合法化する」という内容のことを言い、私が「次は?」と言うと、3つ目として「カジノを合法化する」という内容のことを言いました。私は、障害者を殺すという話からすれば穏やかになってきたと思ったので、さと君に「大麻とカジノって海外じゃ合法じゃん。カジノは日本でも合法にしようっていう動きがあるし、そのうち合法になるんじゃない? というよりも、さと君が海外に行けば?」と言いました。

(略)

この日はさと君が強い口調で言い返したりして、私の言うことに聞く耳を持たない印象を受けたので、「今日のさと君ダメだね。私からは頑張れとしか言えないよ」と言ったところ、さと君は「ありがとう。でも、俺が無職になってから冷たくなったね」などと言いました。場の雰囲気も悪くなって、私もさと君も沈黙する時間もありました。

お店に入ってから30~40分ぐらい経っていたと思いますが、さと君は突然「俺には彼女がいるんだけど、大事な日に○○(女性のニックネーム)を選んだ」と言いました。私はこれを聞いて、さと君には彼女がいたのだと思いましたが、大事な日というので告白されたら面倒だと思い、話を広げないように「意味わかんないんだけど」などと言って話を流しました。

私はさと君が手紙を出して捕まったという話を聞いていたので、「手紙の件、この間知ったんだ。捕まっていたんだって？　親が悲しむからやめなよ」などと言ったところ、さと君は「確かにね」と答えました。さらに「彼女は手紙の件はどう思っているの」と尋ねたところ、さと君は「悲しんでいるよ」と答えました。

その後、さと君は私に「今日で会うのは最後かも。しばらく会えない」と言ってきました。「なんで？」と尋ねると、さと君は「引っ越すかも」と答えました。「どこに？」と尋ねると、さと君は「まだ決めていない。パワーアップして帰ってくるよ」などと言ってきたので、私は「はいはい」と言って笑って話を流しました。

さと君は「今の俺、最強。オーラ出てない？」と言って、オーラが出ているかどうかを尋ねてきたので、私は「江原啓之じゃないし。オーラ見れないし」などと答え、さと君は「マジで～」と言って、笑っていました。

## その時に限り握手を求めてきた

食事も終わってきた頃、さと君が「今度白金の別の焼き肉屋に行こう」などと言ったので、私も「行こう」と言って、話を合わせました。そして、さと君が「じゃあそろそろ行こっか」と言ったため、午後10時15分頃だったと思いますが、お店を出ることになりました。

お店を出て新宿駅方向に歩いている途中、さと君は「今日は来てくれてありがとう」と言って、握手を求めてきました。いつもは「じゃーねー」と言って手を振って軽く別れていたのですが、この時は握手を求めてきたので、「やめてよ」などと言って断りました。でも、さと君は「いいから」と言って、しつこく握手を求めてきました。私は、2～3回断りましたが、さと君がしつこく求めてきたのと、歌舞伎町で人がたくさんいる中で騒ぐのも嫌だったので、しかたなく握手をしました。

歌舞伎町の交差点で信号待ちをした時に、さと君は「今度は別の焼き肉店に行こう。4～5年たったら帰ってくるよ」などと言ってきました。私は「4～5年経ったらもっとおいしい焼き肉屋ができているよ」と言い、さと君は「そうだね、じゃあ」。そして信号が青に変わると「用事があるから」と渡ろうとしました。「野暮用?」と尋ねたら、「うん野暮用」と言いました。そこでさと君と別れて、交差点の横断歩道を渡りました。

私は、さと君は、私と会うのが最後かもしれないと言ったり、握手を求めてきたりして、いつもと違う印象を受けたので、自殺をしたりするのではないかと怖くなり、さと君と別れて新宿駅に向かいながら、地元で仲が良いと聞いていたD君に電話をかけました。午後10時30分くらいだったと思います。D君は「あいつはやばいから関わらないほうがいいよ」などと言いました。私はその話を聞いて、さと君が平成28年2月17日に、重複障害者は不必要であるという内容のLINEを送ってきたことを思い出し、さと君が障害者を殺すんじゃないかと思い怖くなりました。》

## デリヘル嬢に「僕のことを忘れないで」と告げて現場へ

植松被告は後輩女性と別れた後、新宿歌舞伎町のホテルからデリヘル嬢を呼ぶ。そこで相手をしたデリヘル嬢の調書は、今紹介した後輩女性の調書の前に朗読された。印象に残っていたのは、植松被告の刺青だったという。

《一緒にお風呂に行ってシャワーを浴びた時に、男の両肩周りに刺青があったので「すごいね」というと、男はうれしそうに、にやっと笑いました》《男の両足の太ももにあった刺青が、ゲゲゲの鬼太郎であることに気づいたので、「何これ、鬼太郎だ」と言って笑うと、男は「そうだよ」などと言って笑いました》

別れ際、植松被告はデリヘル嬢に「僕のことを忘れないで下さいね」と言った。7月26日、事件直前の深夜零時頃のことだ。その後、植松被告はタクシーで自分の車を停めてある駐車場まで行き、そこから自分の車を運転し、犯行現場に向かった。

その数日後、デリヘル嬢はたまたまつけていたテレビで相模原事件のニュースを見て、相手をした男が植松被告だったことを知ったのだった。

# 07 被告人質問で語られた犯行動機と「新日本秩序」

1月24日の第8回公判で、ひとつの山場とされる被告人質問が始まった。初公判で2000人近い傍聴希望者が訪れた後、一時は減っていたのだが、再び大勢の傍聴希望者が列を作った。

公判は午前10時半から始まり、何度かの休憩をはさんで午後4時頃まで行われた。異例だったのは、弁護人が植松被告の体調を気遣って、何度も「大丈夫ですか？」と声をかけ、休憩を増やし、さらには最後にあと1時間くらいと言っていた審理を、突然、終わりにしてしまったことだ。植松被告は緊張していたし、暖房のきいた法廷でスーツを着ていたので、汗をかいたりしていたのだろう。傍聴席からは背中しか見えないが、弁護人からは体調が悪いように見えたのかもしれない。

植松被告が語った内容は、これまで彼が発言してきたのと基本的に同じだ。特にその法廷では、植松被告が自分の考えをノートにまとめた『新日本秩序』に沿って説明が行われた。『新日本秩序』は、植松被告の考えを7項目にわたってまとめたものだ。当初は6項目だったが、後に植松被告は7番目の環境問題を加えたという。弁護人には2017年春に渡されたらしい。『創』編集部には同年8月に送られてきた。

## 冒頭で弁護人の主張に被告人が反対

まず冒頭で植松被告が「心神喪失による無罪主張」という弁護団の方針を否定した。マスコミ報道では省略したのだが、驚いたのは、弁護人がこんな質問から始めたことだった。

《弁（弁護人、以下同） お尋ねします。ここはどこですか?

被（被告人、以下同） 裁判所です。

弁 何の裁判ですか?》

ここから話を始めるということは、弁護団はあくまでも、被告が大麻精神病にかかっており、事件当時も心神喪失にあったという主張を変えないという意思の現れだ。そして弁護人はこう質問した。

《弁 この裁判で弁護人がどのような主張をしているか知っていますか?

被 知っています。

弁 それについてあなたの言葉で語っていただけますか?

被 責任能力を争っていると思いますが、自分は責任能力を争うのは間違っていると思います。責任能力がなければ即、死刑にすべきです。自分は責任能力があると考えています。

弁 あなたは正しい考えにもとづいて行動したと言うのですね。

被 はい。》

「責任能力がなければ即、死刑にすべき」というのは、責任能力のない人は、植松被告の言う「心失者」ということなのだろう。公判途中のやりとりで、彼は自分の造語である「心失者」の概念について訊かれ、「心神喪失者を略して心失者と言いました」とも答えていた。そうであればなおさら、彼は自分が心身喪失だったと主張するのを認めないということになる。

この後、弁護人は『新日本秩序』の内容について細かく質問していく。話は大麻や難民問題、軍隊、環境問題、さらには植松被告の恋愛学にまで及んだ。被告は「恋愛は大切なのに学校できちんと教わっていない」と言った後、「浮気されても束縛はいけません、浮気された側にも問題があったかもしれませんし…」などと持論を展開。事件と関係ない質疑に、傍聴していて「おいおい」と思った。

冒頭部分のやりとりを紹介しよう。

《**弁**　3年前に渡してくれた『新日本秩序』と題されたノートに何が書かれていましたか？

**被**　より多くの人が幸せになるために7つの秩序を考えました。

安楽死、大麻、カジノ、軍隊、セックス、美容、環境についてです。

**弁**　安楽死とは？

**被**　意思疎通がとれない人間を安楽死させることです。

**弁**　意思疎通がとれないとは具体的にどういうことですか。

**被**　名前、年齢、住所を言えない人間です。

弁　意思疎通がとれない障害者はどうして安楽死しないといけないんですか。
被　無理心中、介護殺人、難民など、様々な問題を引き起こす元になっているからです。
弁　意思疎通をとれない障害者にも、親や兄姉、親戚もいます。家族のことはどう考えたのですか。
被　子どもが重度障害を持っていても守りたい気持ちはわかりますが、受け入れることができません。自分のお金と時間で面倒を見ることができないからです。》

## 法廷で弁護人、検察官、裁判長に大麻を勧めた

続いて『新日本秩序』の2番目の項目、大麻についてのやりとりはこうだ。

《弁　大麻はいつ頃から使っていましたか。
被　23〜24歳から事件までです。
弁　どのくらいの頻度で使っていましたか。
被　週に2〜4回くらいです。
弁　みんなが使うべきだと考えますか。
被　その通りです。
弁　私も使ったほうがいいですか。
被　本当にもったいないと思います。
弁　検察官や裁判官も使った方がいいですか。

被　その通りです。》

弁護人としては、植松被告の主張をそのまま法廷で話してもらおうという方針だったのだろう。話が多岐にわたりすぎて、立証趣旨がわかりにくい被告人質問だったが、幾つか気になった点もある。ひとつは、植松被告が津久井やまゆり園で具体的にどういう状況を見て、どんなふうに感じて、「重度障害者は生きている意味がない」という考えに至ってしまったのかということだ。24日の質疑では、こんなやりとりがあった。

《弁　やまゆり園で多くの障害者を見て何を感じましたか？
被　こんな世界があるのかと驚きました。
弁　働いていくうちに考え方が変わってきたのですか？
被　(重度障害者は)必要ないと思いました。
弁　安楽死させるべきなのは、障害のある人全てではないのですね。
被　意思疎通がとれない人です。
弁　障害者のご家族と話したことはありますか？
被　あります。
弁　ご家族なりに意思疎通はとれていると言う方もいると思いますが。
被　特に短期入所者の家族は、暗い表情でそそくさと逃げるように帰っていきます。重たい表情で疲れ切っていました。》

## 「措置入院中に犯行を決意」と改めて表明

植松被告が、事件決行を具体的に決めたのが2016年2月の措置入院中だったことは知られている。その日の証言ではこう語られた。

《**弁**　どうしてあなたがやらなければならないと思ったのですか?
**被**　自分が気づいたからです。
**弁**　他の人でなくあなた自身がやらなければと思ったのは?
**被**　気がついたからです。措置入院中に思いつきました。それまでは独断でやろうとは思っていませんでした。》

措置入院の印象についてはこう答えた。

《**被**　窓も何もない部屋に閉じ込められました。トイレと監視カメラのみで、これはやばいと思いました。》

自分が否定していた精神障害者と同じ状況に置かれたことに反発したというわけだが、それが決行を決意したこととどう関わっているかは大事なポイントだ。

## トランプへの共感を法廷で何度も表明

2016年2月頃に、アメリカ大統領選に立候補していたトランプをテレビで見て共感したという話はこれまでも語っていたが、今回の被告人質問では、それについても詳しく訊かれ、何度もトランプを称賛していたのが印象的だった。

トランプも差別的排外的なことを口にし、植松被告に言わせると、言いにくいことをはっきりと口にしていった人物だが、その後、そういう人物が大統領になってしまったことがさらにトランプへの共感につながっているようだ。

《弁　社会を変えるというのは、別の言葉で言ったことがありますか?

被　あります。革命を起こすと。

弁　措置入院したのは平成28年ですね。その頃、世の中でどんなことが起きたか覚えていますか。

被　ISILが暴れていました。

弁　イスラム国と言われたそれのことですね。

ISが暴れていたのをどうやって知ったのですか。

被　テレビやネットで確認しました。

弁　見てどう思いました?

被　恐ろしい世界があるなと。戦車でひき殺されたり、プールに沈められたりしていたからです。
弁　平成28年、他にはどんなことがありましたか。
被　ドナルド・トランプが大統領選挙に出ていました。
弁　トランプさんのことをどう思いましたか。
被　とても立派な人だなと思います。勇気を持って真実を話しているからです。
弁　トランプさんの動き、意見が影響を与えたんですか？
被　真実を述べているので、これからは真実を述べていいんだと思いました。
弁　あなたの真実とはなんですか？
被　重度障害者を殺害した方がいいということです。》
やまゆり園での犯行についても弁護人が訊いた。
《弁　やまゆり園であなたが行ったことですが、自分がやっていることの意味は考えましたか？
被　社会の役に立ちたいと考えました。
弁　措置入院の時に考えていたことをやっていると思ったということですか。
被　必死でした。
弁　細かくは聞きません。一つだけ。職員一人一人に何か訊きましたか。
被　しゃべれるのかしゃべれないのか確認しました。

弁　なぜですか。
被　意思疎通を図るために必要だからです。
弁　しゃべれないならどうしようと思いましたか？
被　殺害しようと思いました。
弁　職員は答えてくれましたか。
被　答えてくれる人もいましたし、答えてくれない人もいました。
弁　答えてくれなかった時、どうしましたか？
被　自分で判断しました。》

## イルミナティカードと『闇金ウシジマくん』

植松被告はイルミナティカードで日本滅亡の予言を把握し、自分が救世主との啓示も受けたとの主張を行った。その話に突然、『闇金ウシジマくん』の話が飛び出した。その中に彼自身についての啓示があったというのだ。初めて聞いた人は、「え、何？」と驚いたに違いない。

《弁　イルミナティカードにどんなことが書いてありましたか？
被　日本が滅びると書いてありました。
　首都直下地震からいろいろな問題が起きると思います。
弁　ここは横浜です。横浜はどういうことが書かれていました？

被　横浜は原子爆弾が落ちると書いてありました。
弁　そういうことが書かれていたのですか？
被　それは『闇金ウシジマくん』に書かれていました。
弁　日本で実際に発生した大きなことで、イルミナティカードに書いてあることはありましたか？
被　3・11が書かれていました。》

被告人質問は2日間にわたったが、1月25日の第9回公判では、弁護人の質問の後、検察官からの質問が行われた。

《検（検察官）　事件を起こす最終的な目標はなんでしたか？
被　世界平和です。
検　意思疎通のとれない障害者を殺すことが世界平和につながることの説明をもう少し。
被　重度障害者は不幸の元になっていると思います。
検　具体的にはどういうことが不幸の元になっていると思いますか？
被　お金と時間を奪っているからです。》

検察側の尋問で興味深かったのは、植松被告がやまゆり園でどんなことを見て疑問を感じたのか尋ねたやりとりだ。

《検　実際にやまゆり園で働くようになって、どんなことに驚きましたか？
被　大の大人が裸で走り回っていました。見たことのない景色で驚きました。

検　ほかに入所者に驚いたことは？

被　自分で排泄できない方もこんなにいると。

検　食事については？

被　重い障害者の人はひどい飯を食べてるなと。液状にしていました。

検　健常者が食べるような固形じゃなくて流動食のような…

被　そうです。

検　職員さんについては何か感じたり驚いたりしたことはありますか？

被　少し感覚がずれてしまうのかなと思いました。

検　どんなふうに？

被　人間としては扱えなくなってしまうと思いました。命令口調で、普通の人に話すのとは違っていました。やっぱり人として扱っていないと思いました。

検　職員が暴力をふるったのを見たことは？

被　聞いたことはあります。自分は初めは暴力はよくないと思っていました。

検　よくないと他の職員に言ったりしたことはある？

被　はい。

検　職員の方の反応はどうでしたか？

被　2〜3年やればわかるよと言われました。

**検**　2～3年いてどうでしたか?
**被**　人じゃないなと思いました。
**検**　暴力は?
**被**　無駄な暴力をふるったことはありません。
**検**　無駄じゃない暴力は?
**被**　しつけだと思ってふるったことはあります。自分で食べるよう促しても食べれなくなって。
**検**　どうしましたか?
**被**　鼻先をこづきました。
**検**　ほかにしつけるようなことはしましたか?
**被**　便を触ってしまう方。トイレで座らせようとした時に、しつけしたと聞きましたけど。
**検**　そういう経験を通して意思疎通のとれない障害者はいらないと思った?
**被**　はい。》

やまゆり園で時として暴力が使われていたようにもとれるこの証言については、後の会見で園側が事実と異なると否定した。

## 08 面会室で話された犠牲者への「新たな謝罪」

1月30日に植松被告に接見した。TVキャスターの金平茂紀さん、『創』連載執筆者の作家・雨宮処凛さんと一緒だった。

私は1月14日に接見した時、植松被告と2つのことを話した。ひとつは、彼が初公判で自傷行為を行って謝罪の意思表示をしたつもりだったのが、社会に伝わらず「法廷で暴れた」とされていたため、もう一度きちんと謝罪した方がいい、と提案したこと。

もうひとつは、植松被告が弁護方針に反発し、弁護団を解任したいなどと言っていたので、今からそれは無理だから、被告人質問で自分は弁護団と意見が違うことを表明したらよい、とアドバイスしたことだ。

### 1月の法廷でスルーされた「新たな謝罪」

植松被告の関心は弁護団との確執の方にあって、結局、1月24日の被告人質問では、冒頭で彼が、弁護団の方針に反対の意思を表明した。

私はと言えば、もうひとつの「謝罪」の方が大きな関心事だった。というのも、それまで植松被告は、事件を起こして結果的に巻き込むことになった被害者家族や遺族に対しては何度も謝罪の意思表明をしてきた。ところが、14日の接見の時には、明確に、謝罪の対象に、殺傷した障害者も含めると語った。

このことは大きな意味を持っている。家族や遺族にだけ謝罪するというのは、健常者と障害者を二分法で線引きしてきた彼の考えに基づくもので、例えばナチスが障害者を虐殺したのは認めるがユダヤ人虐殺は認めないという論法と同じだ。

しかし、そうでなく殺傷した障害者にも謝罪の意思表示をすることは、これまでの植松流二分法とどう整合性をつけるのか。彼は被告人質問でも一貫して、自分のやったことは正しかったと証言しており、そう言いながら殺傷した障害者に謝罪するというのをどういう言葉で行うのか。それが当初、被告人質問に対する私の大きな関心事だった。

でも結局、植松被告は、被告人質問では、そういう謝罪の意思表明を行わなかった。弁護団への反対意見表明は行ったのだが、「新たな謝罪」はスルーしてしまったのだった。だからもう一度、接見して、植松被告の真意をただしたいと考えた。

1月30日の接見では、第一番にそのことを話した。初公判での謝罪では、誰に何を謝ったのかが社会に伝わっていない、改めてきちんと謝罪したほうがいい。法廷でそれをやるというのが大事なことだ。そう言った。

植松被告は「わかりました」と、意外なほどさらっと了解した。私はなおも念を押すように、幾つかの話をした後、再び同じ提案をしたのだが、彼はもう一度「わかりました」と述べた。

## 被告人質問についての植松被告本人の評価

ちなみに、被告人質問についても、植松被告の感想や印象を接見の時に尋ねた。法廷で弁護人は、裁判の前に植松被告から長い手紙をもらったと語っていた。弁護人がベースにしたのは、2017年に被告から渡されたノート1冊分の『新日本秩序』と、今回の裁判前に送られた手紙だった。『新日本秩序』は、2017年夏には私のもとにも送られていた。

私は接見時に、植松被告に「その2つ以外に君の考えを弁護人と詰めて話し合ったことはなかったの?」と尋ねたのだが、彼は「ありません」と語った。植松被告と弁護団の間で意思疎通があまりできていないことは知っていたが、私が「え、そうなの?」と言うと、植松被告は「でも、よく調べていたと思います」と答えた。被告人質問での弁護人の質問に対して、自分の言いたいことをきちんと俎上に載せてくれた、と評価したのだった。

確かに弁護人は、大麻の話にもかなり踏み込んだし、例えば被告人質問で、環境破壊対策として「遺体を肥料にする計画」についてといった話にも踏み込んでいた。傍聴していた人は、いきなり「遺体を肥料にする」という話を聞かされて、「え?」と思ったろうが、実はこの計画は『新日本秩序』の最後の7番目に、植松被告があげていたものだ。弁護人は、植松被告の主張の集大成ともいうべき『新日本秩序』をかなり丁寧に法廷で取り上げたのだった。

ただ、その植松被告が評価した法廷でのやりとり全体を、私は少し別の見方で受け止めた。

イルミナティカードを読み解いて、遠くない将来に首都圏が滅亡することを知り、さらにそれを救済するのは自分だと確信したという植松被告の犯行に至る思いを法廷で再構築してみせた弁護団の狙いは、被告人自身とは違い、大麻精神病による妄想として、最終的に「心神喪失による無罪主張」に落とし込もうとしているのではないか。法廷でのやりとりを聞いていて、私はそんな気がした。

実際、弁護側が提示した被告人の友人たちの証言などを総合すると、植松被告が犯行に向かっていく経緯を、何らかの病気の進行と考えるのも、全くの的外れでもないような印象を受けた。

検察側が、植松被告の犯行の周到さを立証しようとしたのに対して、弁護側の提示した証拠や証言を見聞きしてみると、私も事件に対する印象がかなり変わった。植松被告が、それまでの友人たちに愛された「さと君」から、約1年間で全く異なる怖い人物に変貌していった様子を、弁護団はこれでもかというほどの友人・知人の証言をもって提示していた。

それら全体を聞いてみると、これまで2年半にわたって植松被告と関わってきた私にとっても、印象が変わるのを認めざるを得なかった。

## 国家からの回答が措置入院だと考えた

さて、1月30日の接見で私は、2つのことを確認したいと考えていた。1つは新たな謝罪に対する植松被告の考えだが、もう1つは、2016年2月の衆院議長公邸への手紙から措置入院へと至る過程で、具体的に植松被告が何を考え、状況をどう受けとめていたかという問題だ。

植松被告が具体的に犯行を決意したのが措置入院中だったことは、2018年に刊行した『開けられたパンドラの箱』で本人が語っているが、それが具体的にどういう経緯だったのか、法廷でのやりとりで、これまでよりかなり鮮明に浮かび上がってきた。

例えば被告人質問でのこんなやりとりだ。

《弁（弁護人）　措置入院した時のことを覚えていますか？

被（被告人）　ここから出られないかもしれないと心配になりました。

弁　どんな部屋でしたか？

被　トイレと監視カメラしかついてない部屋でした。

弁　あなたは「気づいた」という言葉を使いましたね。

被　はい。

弁　何に気づいたんですか？

被　重度障害者を殺した方がいいということ。

弁　重度障害者を殺害した方がいいという考えはもう少し前から持っていた？

被　殺害とまでは考えていませんでした。

弁　重度障害者を安楽死させた方がいいと気づいたのは措置入院中ですか。

被　措置入院中に思いつきました。
弁　気づいた？
被　気づいたので自分でやるべきだと思いました。》

これはかなり重大な証言だ。でもその前に衆院議長公邸に届けた手紙で植松被告が重度障害者の殺害を語っていたこととの関係はどうなのか。その手紙については、その後の検察官による質問でこんなやりとりをしている。

《検（検察官）　意思疎通のとれない障害者を殺しますと提案して、政府から反応があると思いましたか？
被　それは措置入院という反応だと思います。
検　措置入院というのが国の結論だと思ったのですか？
被　はい。
検　国としては許可してくれないというのがわかった？
被　はい。
検　でも役に立ちたいし、自分が気づいたから自分がやろうとした？
被　はい。》

つまり植松被告は、自分の主張を国に提示したのに拒否された。それが措置入院、つまり障害者を殺害することを提案した自分を逆に精神病棟に閉じ込めるという仕打ちだと認識し、国の回答だと理解した。その結果、自分でやるしかないと犯行を思いついた、というのだ。

## 殺意がどの時点で具体的に生じたのか

２０１６年の2月頃の経緯をこんなふうに明確に跡付けた説明は私も聞いていなかった。だから、30日の接見では、ぜひ本人にその真意を確認したいと思った。

「措置入院中に独断で決行することを思いついたと言っていたけれど、それまではそこまで考えていなかったということなの？」

それに対して植松被告はこう言った。

「措置入院中に、自分でやらなければいけないと思いました」

このあたりは、殺意が具体的に生じたのはどの時点だったのかという大事な点なのだが、面会室での植松被告の説明は、少し曖昧《あいまい》だった。

「やったことは今でも正しいと思っているの？」

他の人からのその質問に、植松被告は

「考えは正しいと思います」

と答えた。

そこで私が「でもやり方には問題があったと思っているんでしょ」と尋ねると、彼は「かもしれない」と答えた。

死刑判決についてどう考えているのかとの質問にはこう答えた。

「死刑になるつもりはないですが、死刑判決が出る可能性はあると思っています」

これは前述した、殺傷した相手への謝罪という問題とも関わるのだが、植松被告は既に死刑判決を覚悟している雰囲気だ。

この3年近く、植松被告は少しずつ変わっていった。前回の接見の時、「いや基本的には変わっていないのです」と彼は強調したが、2年半付きあってきた私から見ると、やはり変わっていったと思わざるをえない。

もちろん「犯行の正当性」を主張することは変わっていないし、そこを変える気はないと思うのだが、2016年に入ってから犯行までの半年間、彼がどんなふうにして凄惨な犯行に突っ込んでいったのか。そのあたりはもっと細かく詰めていく必要があると思う。

# 09 犠牲者遺族や被害者家族が法廷で直接対決

2月5日の第10回公判では、被害者参加制度を利用して、犠牲となった甲Eさんの弟と、津久井やまゆり園の家族会前会長・尾野剛志さんが、植松被告を尋問。法廷で加害者と被害者が対決するという場面となった。

その約1週間前の1月30日に私は植松被告に接見、誰に何を謝るのか改めて法廷で表明すべきだ、とアドバイスした。その後の最初の法廷がその2月5日だったのだが、恐らく植松被告はあらかじめ謝罪する気構えでいたのだろう。初めて正式な場で、殺傷した障害者の方々へ謝罪した。

もちろんその謝罪の一方で、自分のやったことは間違っていないと犯行の正当性も強調したので、遺族や家族は、そんな謝罪の言葉は受け入れられない、という受け止め方だ。当然の気持ちだろう。

その法廷でのやりとりと、謝罪の背景などを書いておこう。

最初に植松被告を尋問したのは、犠牲となった甲Eさんの弟だ。実名を名乗らないことは知らされていたから多くの傍聴者が、弟さんの顔が見えないように衝立《ついたて》で仕切るのではと思っていた。だが、そうでなく彼は法廷で素顔をさらして尋問を行った。恐らく考えたうえでの覚悟の顔出しだったと思う。私は傍聴席で見ていて、そのことにまず敬意を表したいと思った。

一部の人の間では知られたことだが、この男性は、植松被告に10回前後接見している。彼が何度も接見した話は、既にそれまで植松被告に聞いていた。

植松被告はその男性が「接見している時、いつも我慢しているのだと思う」と言っていた。本当は姉を殺した相手だから憎んでいるはずだが、そういう気持ちを表わさずに接見していたというのだ。今回の法廷でも、終始、被告を「植松聖さん」と敬称で呼ぶなど冷静な姿勢だったが、その丁寧な言葉に比して追及の中身は厳しいものだった。

今回の法廷対決の前の最後の接見では、男性は植松被告と激しい口論になったという。それを詫びる言葉から尋問は始まった。

## 顔を隠さずに法廷に立った犠牲者の弟

《**遺**（**遺族**）　僕は事件の後、狂乱状態でした。植松聖さん、接見の時はひどいことを言ってごめんなさい。でも僕は、この裁判は切ない裁判だと思っています。そう思いませんか？
**被**（**被告**）　そう思います。
**遺**　遺族が匿名をお願いしたことについてどう思いますか？
**被**　仕方ないと思います。
**遺**　（遺族や被害者家族が）白い壁で仕切られていることをどう思いますか？

**被**　仕方ないと思います。

**遺**　世の中はこの裁判に期待をしています。いろんな答えを求めています。

**被**　はい。

**遺**　例えばどういうことが求められていると思いますか？

**被**　（少し考えて）難しい質問で、すぐには答えられません。

**遺**　僕は押しつぶされるような思いでいっぱいです。

植松聖さん、あなたは事件の後、自首しましたよね。その日1日、何を考えていましたか？

**被**　疲れました。一心不乱だったので、とにかく疲れました。

亡くなられた方にはまことに申し訳なく思います。

**遺**　僕はその日、一日放心状態でした。涙が止まりませんでした。（当時を思い出してか涙を拭う）裁判は残酷だなとも思いました。調書が読み上げられましたが、あなたが殺した姉の死にざまを教えて下さい。

**被**　（少し考えて）申し訳ありません。細かい死にざまなど見ておりません。

**遺**　調書によると刺された後、姉は起き上がったとありますが、その記憶はありますか？

**被**　ありません。

**遺**　姉は普段から起きてはいないのですが、その姉がいきなり起き上がったとありました。それはすごいことだと思うのですが。

被　記憶にありません。
遺　姉を3回刺したとありましたが…
被　3回以上刺していると思います。
遺　どうして殺したのですか？
被　意思疎通のとれない人は社会にとって迷惑だと思ったのです。
遺　なぜ殺さなければならないのですか？
被　殺した方が社会の役に立つと思ったからです。
遺　植松聖さん、事件の1年ほど前から差別的な考えになったというのはなぜなんですか？
被　社会状況を見てそう気がついたからです。
また小中学校時代から重度の知的障害の子がいて、どんな状況か知っていました。
遺　植松聖さん、今はどういう気持ちですか？　僕はすごく緊張していますが、植松聖さんはいかがですか？
被　ご遺族の方と話すのは心苦しいです。
遺　植松聖さん、あなたのやったことは、ただの弱い者いじめじゃないですか？
被　申し訳ありませんが、そうは思いません。
遺　弱い人を寝ている時に殺すのは、あまりにひどいじゃないですか？
被　仕方ないと思っています。

遺　植松聖さん、今改めて何を考えていますか？
被　ご迷惑をおかけして申し訳ございません。
遺　植松聖さん、あなたにとって大切な人は誰ですか？
被　大切な人？　大切な人は「いい人」です。
遺　植松聖さん、あなたの趣味や楽しいことは何ですか？
被　趣味は大麻です。
遺　ほかには？
被　（間をおいて）大麻です。
遺　幸せを感じるのはどういう時ですか？
被　大麻を吸って、仲の良い友達と一緒にすごす時です。
遺　植松聖さん、甲Eを殺してどう思いました？
被　まことに申し訳なく思います。
遺　植松聖さん、あなたは自分の言動に責任を持つ人ですか？
被　はい。
遺　あなたが涙を流したのは最近ではいつのことですか？
被　（沈黙）
遺　植松聖さん、自分を大切にしていますか？

被　はい。

遺　自分を好きですか？

被　今の自分はそれなりに。

遺　植松聖さん、あなたは何人兄弟ですか？

被　一人っ子です。

## 「姉についてどう責任をとってくれますか？」

遺　植松聖さん、あなたはこの日本が好きですか？

被　まちがっているところもありますが、日本はいい国だと思います。

遺　植松聖さん、あなたはよく「死」を口にしますが、あなたにとって「死」とは何ですか？

被　死は仕方がないことです。

遺　植松聖さん、あなたは人間の死を軽く考えていませんか？

被　軽く考えているつもりはありません。

遺　植松聖さん、あなたはやまゆり園にどうして入ったのですか？

被　たまたまです。

遺　事件の1年前、どうしてやまゆり園を辞めなかったのですか？　障害者がいやなら辞めればよかったのではないですか？

**被**　気がついたからです。彼らがいない方がよいと気がつきました。

**遺**　辞めていれば事件を起こさなくてよかったのではないですか？

**被**　やまゆり園に不満があったわけではありません。施設の中では良い施設だったと思っています。やまゆり園に不満があったわけではなく、障害者に対する施設のあり方がおかしいと思いました。

**遺**　植松聖さん、事件はあなたのコンプレックスが引き起こしたのではないですか？

**被**　あんなことをしないでいい社会にしたいと思います。私が歌手だとか野球選手になれるなら別でしょうが、そうでない自分にはできることをするしかないと思いました。

**遺**　野球選手とは話が違うと思います。

植松聖さん、責任能力とはどういうことでしょうか。

**被**　意思の疎通がとれるということです。

**遺**　あなたは甲Eについてどんな責任をとってくれますか？

**被**　長年育てられてきたお母さんのことを思うと、いたたまれなく思います。でも、それでも重度障害者を育てるのは間違っていると思います。

**遺**　何か切なくなってきたので、これで質問を終わります。》

甲Eさんの弟の質問は以上だ。「あなたはどんな責任をとるのか」と詰め寄った時には、期待した答えは「死んでお詫びします」ということだったのか、また植松被告自身も「死んでお詫びします」

と言いかねないと一瞬緊張したが、そこまでには至らなかった。
続いて尾野さんによる尋問だ。

## 尾野剛志さんからの被告人質問

《尾（尾野さん）　私のことを知ってますか?
被　はい。
尾　どんなことを知っていますか?
被　メディアに出られたのを拝見しています。
尾　それだけですか?
被　津久井やまゆり園家族会の前会長です。
尾　あなたは今、幸せですか?
被　幸せではありません。
尾　なぜですか?
被　めんどうだからです。不自由だからです。
尾　意思疎通がとれない人は不幸を生むのですか?
被　その通りです。
尾　なぜですか?

被　お金と時間を奪っていると思ったからです。

尾　あなたは友人の紹介でやまゆり園に勤務したのですね。

被　こういう仕事があるよ、と教えられました。

尾　やまゆり園に入って最初に、体育館で、すがすがしい自己紹介をしてましたよね。

被　記憶にないですが、そうかもしれません。

尾　最初は「障害者は可愛い」と言っていたんでしょう？

被　そう思った方が、仕事がしやすいからかもしれません。

尾　本当は違うということ？

被　そう思い込んだということだと思います。

尾　でも障害者は必要ないと変わったのはなぜ？

被　彼らの世話をしている場合でない、社会には不幸な人がいっぱいいるし、日本もそれどころではないと思いました。決してやまゆり園だからというわけではありません。

尾　あなたが「心失者」という言葉を使い、安楽死させた方がいいと言ったのはなぜですか？

被　それが正しい考えだと思ったからです。

尾　何を根拠にそう考えたのですか？

被　お金と時間を奪っているからです。

尾　僕は、意思疎通できない人なんていないと思う。

被　そうは思いません。
尾　意思疎通をとろうと努力したことはありますか？
被　あります。
尾　どういう時ですか？
被　普段から意思疎通とれるようにしているので。
ただ完全に理解できない方もいるなと思います。
尾　実際に意思疎通がとれない人とはどういう人ですか？
被　名前・年齢・住所などが言えない人、対話ができない人です。

## 「皆さまとは、誰に対して詫びたのですか？」

尾　第1回公判で謝罪しましたが、誰にお詫びしたんですか？
被　皆さまです。
尾　皆さまとは誰のことですか？
被　亡くなられた方、ご家族です。迷惑をおかけした全ての方です。
尾　もう一度ここで謝ってもらえますか。
被　（大きな声で）まことに申し訳ございませんでした。
尾　今の気持ちは受け止めます。でもあなたの行ったことは受け入れることはできません。許すこともできません。
被　仕方ないと思います。
尾　あなたは子どもの頃、どんなことをしてましたか？　どんなところへ行ってましたか？
被　海とか川です。
尾　ご両親とどんなところに行きましたか？
被　（少し考えて）申し訳ありませんが、特にそれを言う必要もないと思います。
尾　友人についてはどうですか？
被　止めてくれた方々を裏切ってしまったこと申し訳ないと思います。
尾　お詫びしたい？
被　そうです。
尾　お父さんお母さんにも同じ気持ちですか？
被　そうです。
尾　私たちも悩みながら育ててきて、小さな喜びを感じているんです。
被　長年育てられた母親のことを思うといたたまれなく思います。
尾　あなたの謝罪の言葉は、僕もそうしてほしかったし、なぜもっと早くその言葉を言ってもらえなかったのか。
被　事件の後、記者の方に会った時にお詫びの言葉は申しました。記事にもなっていると思います。

尾　もっと早く被害者家族に伝えていただいていれば、僕らの気持ちも変わったかもしれない。》

やりとりは以上だ。

植松被告はいろいろな尋問で頻繁に汗をたくさんかき、体調は大丈夫ですか？と声をかけられた。傍聴席からは証言している時の顔は見えないのだが、何度もそんなふうに声をかけられているから、体調不良に見えるような様子だったのだと思う。

恐らく証言しながら、緊張も葛藤もあったのだろうと思う。彼はそれを自分の中でどう整理していくのだろうか。

## 10
# 犠牲となった美帆さんの母親の涙の法廷証言

相模原事件は、被害者の名前が裁判でもほとんど匿名だ。この状況は、いかに障害者に対する差別がこの社会で深刻なのかを象徴的に示している。

こうした異例の状況については、犠牲者遺族の間でも葛藤があるようで、今回紹介する美帆さんのケースのように、裁判前に家族が、姓でなく名前だけでも公表したいと決断した例もある。第2回公判では甲Aさんと呼ばれた美帆さんは、第3回公判から名前を呼ばれるようになった。

そして彼女の母親は、2月17日の第15回公判では、衝立で仕切られていたとはいえ、自ら法廷に立って、植松被告を弾劾《だんがい》し、涙ながらに証言。植松被告に対して、はっきりと極刑を求めた。自ら法廷でその証言を行った母親の言葉に、傍聴人のみならず、衝立の向こう側で検察官も涙を流していたという。

美帆さんの母親の証言は、全文が文字として公開されており、ここにそれを転載することにした。同時に、代理人である滝本太郎弁護士がブログで、2月17日の公判にあたって公開した、母親と代理人連名の文書もあり、その一文もここに紹介する。

ではまず、法廷で語られた美帆さんの母親の証言全文だ。小見出しは編集部で付けた。

## 「美帆が私の人生の全てでした」

《私は美帆の母親です。

美帆は12月の冬晴れの日に誕生しました。1つ上に兄がいて待ちに待った女の子でした。幼いころはとても音に敏感でした。大きな音、初めての場所、人がたくさんの場所が苦手でした。人に挨拶されただけで泣き叫ぶ子でした。3歳半で自閉症と診断されたあとは、とにかく勉強しました。本を読んだり、講演会に通い、少しでも美帆のことを理解しようとしました。他の親御さん達と障害のある方や、その親の気持ちを伝えようと思い、学校や地域で語ったこともありました。睨《にら》まれたり、怒られたりするのが恐かったから理解してくれる人を増やそうと思いました。美帆が私の人生の全てでした。

多くの良い先生や、友達、支援してくれた職員さん、ガイドヘルパーさん、ボランティアさんに恵まれました。皆、やさしく接してくれたので、とても人が好きで人懐《ひとなつ》っこい子に育ちました。とても音楽が好きで、いきものがかり、ドラマの主題歌や童謡、クラッシック、アニメ等ジャンルは問わず、いろいろな曲を聴いてノリノリで踊っていました。乗物に乗っていると御機嫌でよくドライブしたり、電車やバスに乗りました。小さい時はブランコが大好きでした。プール、ジェットコースター、プラネタリウム、水族館、パレード、ラーメン博物館、公園等、本当に大好きでいろんな場所に家族やガイドヘルパーさん、ボランティアさんと出かけていました。

成長するにつれ美帆は落ち着いてきました。一方で、9歳から大きなてんかん発作があり、小学校5年生ぐらいから多い時は週1、少ない時も月1回ぐらい発作がありました。

家庭の事情で中学2年生の時から児童寮で生活していました。毎月会いに行くのが楽しみでした。仕事も娘のためと思うとがんばれました。多い時には4つの仕事をかけもちでしていました。

娘に障害のこと、自閉症のこと、てんかんのこと、いろいろ教えてもらいました。私の娘であり先生でもあります。優しい気持ちで人と接することができるようになりました。待つことの大切さや、人に対しての思いやりが持てるようになりました。人の良い所（長所）を見つけることが上手になりました。人を褒《ほ》めることが上手になりました。

人懐っこくて言葉はありませんが、すーっと人の横（そば）に来て挨拶をして前から知り合いのように接していました。笑顔がとても素敵で、まわりを癒《いや》してくれました。ひまわりのような笑顔でした。美帆は毎日を一生懸命生きていました。

「お母さんのことを思うといたたまれません」と言われて、むかつきました。考えも変えず、1ミリも謝罪された気がしません。痛みのない方法で殺せば良かったということなんでしょうか。冗談じゃないです。

美帆にはもう、どんな方法でも会えないんです。

当日は7時30分頃「美帆が被害にあっている」との連絡をもらい9時～10時の間頃、やまゆり園に着きました。名簿の×を見た時から、もう何が何だかわからなくなり、頭も真っ白でした。何回も夢じゃないかと思い、ほっぺたをつねってみたのですが、夢か現実か、自分が誰なのか、どうしてここにいるのかもわからなくなっていました。

だいぶ時間が経ってから美帆に会えました。顔しか見せてもらえませんでした。ストレッチャーに乗せられていて「美帆ちゃん、美帆ちゃん」と何度呼んでも答えてくれなくて、自分で体温調節をするのが苦手で汗をあまりかかない子だったのでいつも暖かい子が、その時は、すごく冷たくて、冷たくて、そんなこと一度もなかったのにすごく冷たくて、一生忘れることのできない冷たさでした。会ったのは数分だと思います。

プリント等配っていましたが、何を手にしているのだろう、皆、何を言っているのだろうと不思議でした。私は頭痛がひどくて「診療所の先生が園に来ているから具合の悪い人は言って下さい」と園長先生に言われて診てもらったら「血圧がすごく高いので頭痛はなおらないけど点滴するので診療所に来られるようなら来て下さい」と言われ、警察の車に乗せて頂き点滴を受けました。警察と園と遺族の話で、名前を出すか出さないかでとても揉めていたのを覚えています。私は言葉がでなくて一言も発することができませんでした。

葬儀は、地元の斎場で音楽葬でしました。マスコミが多く来ていたようですが、弁護士会から来て頂いている弁護士や警察が協力して入れないようにしてもらえました。美帆の好きな童謡やいきものがかりなどの音楽を流し、参列者には娘の顔も見てもらいました。美帆のアルバムや額に入った写真を見てもらいました。着物を着せて見送りました。のべ200人位の人が見送ってくれました。

事件後、家はめちゃくちゃになりました。社交的で老人会や自治会の活動に積極的に参加していた祖母が家に引きこもってしまい、一歩も外に出なくなりました。人と話をするのが好きだったのに誰とも話さなくなりました。料理や庭の手入れをするのが好きでしたが全くしなくなりました。笑顔が消え、表情がなくなりました。兄は具合が悪くなり、休み休み仕事をしていましたが、入院することになり仕事を辞めました。私は食事をしても味がわからなくなり、9kgやせました。心療内科に通い薬を飲むようになりました。身体が痛くて寝る時に骨が当たって痛くて眠れませんでした。

一人で外出するのが怖くなり、外に出られなくなりました。がんばって外に出ると心臓の動悸《どうき》がすごく、ドキドキしてブルブル全身が震えてしまうことがよくありました。今でもこの発作で震えてしまうことがあります。私の人生はこれで終わりだと思いました。自分の命より大切な人を失ったのだから。美帆がいなくなったショックで私達家族は、それまで当たり前にしていたことが何一つできなくなりました。

## 「大切な娘、美帆を返して下さい」

私達家族、美帆を愛してくれた周りの人達は皆、あなたに殺されたのです。未来を全て奪われたのです。美帆を返して下さい。

他人が勝手に奪っていい命など一つもないということを伝えます。

あなたはそんなこともわからないで生きてきたのですか。

御両親から教えてもらえなかったのですか。

周りの誰からも教えてもらえなかったのですか。

何て、かわいそうな人なんでしょう。

何て、不幸な環境にいたのでしょう。

本当にかわいそうな人。

私は娘がいて、とても幸せでした。決して不幸ではなかったです。「不幸を作る」とか勝手に言わないでほしいです。私の娘はたまたま障害を持って生まれてきただけです。

何も悪くありません。

あなたの言葉をかりれば、あなたが不幸を作る人で、生産性のない生きている価値のない人間です。

あなたこそが税金を無駄に使っています。あなたはいらない人間なのだから。

あなたがいなくなれば、あなたに使っている税金を本当に困っている人にまわせます。

あなたが今、なぜ生きているのかわかりません。

私の娘はいないのに、こんなひどいことをした人がなぜ生きているのかわかりません。

何であなたは一日三食ごはんを食べているのですか。

具合が悪くなれば治療も受けられる。

私の娘はもうこの世にいなくて何もできないのに。

あなたが憎くて、憎くて、たまらない。八ツ裂きにしてやりたい。

極刑でも軽いと思う。

どんな刑があなたに与えられても私は、あなたを絶対に許さない。許しません。

私の一番大事で大切な娘、美帆を返して下さい。

美帆はこの世にいなくて、好きなことは何もできません。私達家族とあうこともできません。失われた時間はもう二度と取りもどせません。

でも、あなたは、こうして生きています。ずるいです。おかしいです。

19人の命を奪ったのに。

美帆は、一方的に未来を奪われて19年の短い生涯を終えました。だからあなたに未来はいらないです。

私は、あなたに極刑を望みます。

一生、外に出ることなく人生を終えて下さい。

２０２０年2月17日美帆の母》

## 代理人弁護士と連名で美帆さんの母親の訴え

《論告・求刑の日にあたって

2020年2月17日　美帆の母

美帆遺族参加弁護士滝本太郎

1　初公判の1月8日に向け、美帆の名と4枚の写真とメッセージを公表することは勇気が必要でした し、説明付き写真の公開は、美帆が自分の手から離れていってしまう感じもして不安でした。ですが、あと8枚の説明付き写真もあり、何より美帆は私たちの心の中にいます。

美帆が生きていたことを広く知ってもらうことができました。どの被害者にも一人ひとりの人生と命があったんだ、と実感してもらえるきっかけにもなったようにも思います。また、裁判所が、報道と上申書を受けて、表記としてですが「美帆」として下さったことは嬉《うれ》しかったです。

2　誤解されるといけないので付言すると、私どもは、他の被害者・遺族の多くが名前など公表することに同意するもしないも自由、それぞれの考えであり、なんら批判する気持ちなどありません。ご留意ください。

3　事件は、「相模原重度障害者大量虐殺テロ事件」なのだと思います。政府に対して、重度知的障害者について、被告人の言う「安楽死」政策をとって欲しい、そのためにまず自分がやって社会と国に訴えたというのですから、テロ事件です。残虐に43人を殺傷したのですから、虐殺です。

メディアにあっては、この事件がテロだと分る表記を、ご検討ください。

4　日本国政府は、事件当時「事件を徹底的に究明し、再発防止・安全確保に全力を尽くさなければなりません。」「様々な観点から、必要な対策を早急に検討し、出来るところから速やかに実行に移していくよう指示いたします。内閣一丸となって対応してまいります。」としました。

政府は、措置入院後のフォローアップといった問題には取り組みましたが、この裁判でその問題だけではないことが、明確になりました。被告人は、そもそも平成28年2月の手紙で、日本国政府に、被告人の言う「安楽死」を求め、まずは自分が殺すことの「決断」を問うたのです。

したがって、日本国政府は、今こそ重度知的障害者も決して殺されてはならない、被告人の言うような「安楽死」はあり得ないと明言し、生産性・コスト意識ばかりを言う被告人の考えをしっかりと否定した声明を出してほしいです。（略）

5　社会の多くの人が、これを機会に議論していってほしいです。
被告人は、法廷で、障害者との「共生社会」を目指すという政策に関して、重度知的障害者については無理だと分かって、逆に被告人の言う「安楽死」政策をとる結果となればいい、などと未だ言っています。このままでは、障害者を迫害する考えが広く深く広がり、類似の大小の事件、嫌がらせなどの事件が起こるのでは、と心配です。

たしかに「共生社会＝これまで必ずしも十分に社会参加できるような環境になかった障害者等が、積極的に参加・貢献していくことができる社会を」と言っても、重度知的障害者については、いったい何を言っているのか、と思われてしまうかもしれません。

人の命・人権は、男も女も高齢者も子どももまして障害者、重度障害者などは長く尊重されてきませんでした。「命や人権の尊重」は、古今東西の常識ではなかったのです。それを、少しずつ保障するようになってきた歴史が、人間社会の発展なのだと思います。そして、障害者とその家族にはそれぞれ事情があり、もとより重度の場合の「自立」は困難を極めますから、「施設」を無くすることはできないでしょう。

ですから、それも含めた「共生社会」の実現を目指すこと、その中で「人間とは何か」「まともな社会とは何か」を考えていくこと、それによって「障害者も幸せな社会が健常者も幸せな社会なのだ」ということが理解されていく、それが「共生社会」なのだと思います。

6　国や社会で議論する際、注意して欲しいのは、総論ばかり、建前ばかりの議論やそれらをまとめるだけでは、決して広く強い説得力は持てないことにご留意ください。（略）

人は、極めて重い障害、わけても重度の知的障害者や重複障害者と出会ったとき、誰しも強い衝撃を受けると思います。「人が生きている意味」「人とは何か」を問うことになることは当たり前で、そのこと自体は良いことだと思われます。ただ、家族や自らがそのような障害をもつ可能性があるとの現実感がなく、また人間観を確立できていない場合には、１８０度、間違った方向になることもあるのだと考えます。現実の重さと、命についての本音での議論を踏まえていかなければ、説得力を持てません。

ですから、関係者は、施設外を視察する、具体的に支援・介護をしている人から十分聴取する、自ら支援を経験してみるなどしつつ、内容と説得力のある議論を重ねてほしいと切望します。》

## 11 「控訴しません！」と被告は法廷で宣言した

相模原事件の裁判も終わりに近づいた。2月17日の公判で、検察側は死刑を求刑。それに対して19日の最終弁論で弁護側は、改めて心神喪失による無罪を主張した。

その2月19日は第16回公判にあたるのだが、傍聴した人たちの注目点は、植松被告が最終意見陳述でどんな主張をするのか、ということだった。

その日、10時半から始まった公判は、まず弁護側が植松被告の犯行は大麻精神病によるもので、責任能力は問えないと主張。前回公判の検察側の主張に反論した。そして正午をわずかにすぎた頃、裁判長が「それでは最後に被告人からの意見陳述ということになります。被告人は証言台に座ってください」と促した。

### 「控訴しません」と法廷で言明

植松被告が証言台に移動すると、裁判長が「最後に被告人から何か述べたいことがあれば述べてください」と語り、植松被告は比較的大きな声でこう発言した。

「恐縮ですが、3つあります。1つ目に、ヤクザはお祭りやラブホテル、タピオカ、芸能界など様々な仕事をしています。ヤクザは気合の入った実業家なので罪を重くすれば犯罪ができなくなります。しかし、捕まるのは下っ端《ぱ》なので、司法取引で、終身刑にします。刑務所の中で幸せを追求できれば問題ないし、その方が生産性も上がるのではないでしょうか」

突然、ヤクザだのタピオカだのという話が登場して、傍聴していたほとんどの人が面食らった。私も傍聴席で聞いていて、「え？　大丈夫なのか」と思った。しかし、それに続いた言葉は、私にはいささか衝撃的なものだった。

「2つ目に、私はどんな判決でも控訴致しません。1審だけでも長いと思いました。これは文句ではなく、裁判はとても疲れるので負の感情が生まれます。皆様の貴重なお時間をいただき大変申し訳なく思いました」

法廷で控訴しないことを宣言してしまったのだった。そしてさらにこう語った。

「3つ目に、重度障害者の親はすぐに死ぬことがわかりました。寝たきりなら楽ですが、手に負えない人もいます。病は気からなので、人生に疲れて死んでしまいます。日本は世界から吸血国家と呼ばれており、借金は1110兆円になったと、2月11日に報道されました。もはや知らなかったで済まされる範囲をとっくに超えています。文句を言わず、我慢された33名のご家族と親を尊敬致します」

この3つ目の発言について、新聞は、差別的な発言を繰り返したと報道していた。確かに植松被告の証言は趣旨がわかりにくかったのだが、ここは恐らく、この裁判で犠牲者の遺族や被害者の親の話を直接聞いてきたことについての彼の感想なのだろう。もともと植松被告は、重度障害者を安楽死させるべきという主張に至ったきっかけとして、小中学校時代に、同じ学年に障害者がいて、その送り迎えをする母親を見て、疲れ切っていると受け止めたという話をしてきた。また津久井やまゆり園の入所者の親についても、短期入所者の親の疲れ切った表情について何度も口にしていた。

そして最後にこう付け加えた。

「最後になりますが、この裁判の本当の争点は、自分が意思疎通がとれなくなった時を考えることだと思います。長い間皆様にお付き合いいただき、厚くお礼を申し上げます。ご静聴、誠にありがとうございました」

## この裁判の「本当の争点」とは…

この後、「一般傍聴席の方からすみやかに退廷して下さい」と言われたので、私は見ていなかったが、最後まで見ていた特別傍聴席の尾野剛志さん（やまゆり園家族会前会長）によると、植松被告は、傍聴席や検察、弁護人などへ次々と頭を下げていたという。やはりこれで終わった、という気持ちだったのだろう。

植松被告の3点の証言、特に1番目のヤクザの話は何を言いたいのかわかりにくかったため、法廷を出た後、ノンフィクションライターの渡辺一史さんや作家の雨宮処凛さん、それに新聞記者らとメモの付け合わせを行った。

私にとっては、何と言っても、法廷で「控訴しません」と植松被告が宣言してしまったことが重たく胸に響いた。彼が控訴しないという考えであることは、以前から言っていたことだったが、私はそんな彼を説得しようと、近々接見したいと手紙を書いたばかりだった。

判決は恐らく死刑で、控訴しても結果が変わる可能性はあまりないのだが、この裁判で初めて明らかになったこともあり、事件の解明のために、ここで裁判を終わらせることには反対だった。これまで植松被告との2年半にわたるやりとりで断片的に聞いてきたことが、裁判での証言などを聞いて、点と点が線で結ばれていったことも多かった。

植松被告が最後に語った「この裁判の本当の争点は、自分が意思疎通がとれなくなった時を考えることだと思います」という言葉も、彼がどう考えて言ったかはともかく、興味深いものだった。例えばその「自分が」という中に、植松被告は自分自身をも含めているのかどうか。

この裁判では、弁護側は彼を心神喪失と主張した。彼自身の言葉で言えば「心失者」である。確定死刑囚をも「生きていても意味のない存在」としてきた植松被告にとって、今の自分はどう位置付けられているのだろうか。

私は、相模原事件はまだ十分解明されていないと思っているから、彼が早急に取り下げ手続きをとることに反対するつもりだった。ただ、法廷で「控訴しません」と宣言することは、もう迷うことのないように自分を追い込んでしまおうという彼の意思であることは明らかだった。彼自身が相模原事件に幕をおろそうとしているのだった。

法廷で彼がそう宣言するのを聞いた時、これはもう基本的に説得する余地はないかもしれないと思った。19人殺害という罪の大きさを考えれば死刑判決は当然予想されるが、それにしてももう少し事件解明がなされてほしい。植松被告がやまゆり園で何を見て、何を考えて、障害者の大量虐殺という犯行に突き進むことになったのか。事件の核心はまだわからないことだらけだ。

法廷を出たところで、マスコミにマイクを向けられ、囲み取材で私はそんな思いを語った。私がこれから会って説得しようと思っていることの機先を制して植松被告が法廷で「控訴しない」と宣言したことは、私の胸に重くのしかかっていた。

その後、地裁前では尾野剛志さんの囲み会見が行われた。

「判決が出て確定するまでは落ち着かない気分ですね」

尾野さんはそう語った。植松被告に死刑を望む被害者家族としては、その思いは当然だろうと思った。法廷では、犠牲者遺族や被害者家族が次々と、被告人に極刑を!と訴えた。家族を殺傷された人たちの率直な思いだろう。

## 3月3日の接見でいきなり今生の別れを

3月3日に朝一番で植松被告に接見した。実は2月の丸々1カ月間、彼は懲罰に付され、接見が禁止されていた。長い接見禁止がついていることは記者らの間でも話題になり、私も心配していた。そして接見禁止が解除された直後の3月2日朝に、植松被告はそのことを電報で知らせてきた。

3日の接見でわかったのだが、懲罰を受けた理由は、1月9日の自傷行為だった。8日の初公判で謝罪のために、法廷で指を噛みきろうとして制止された後、彼は翌朝、第1関節から上を房内で噛みちぎった。それに対して1カ月間の接見禁止という重い処罰を拘置所は行ったのだった。

その日の接見で、私は植松被告に控訴を勧めるつもりだった。でも、面会室で開口一番、「長い間お世話になりました」と、いきなり今生《こんじょう》の別れを告げられてしまった。帰り際にも再度同じ言葉を述べた。どうやら控訴しないという意思は固いらしい。弁護人が控訴しても取り下げると明言していた。

その接見の時、植松被告は自傷行為防止のために、ミトン（大きな手袋）をはめたままだった。必要があって手を使う時だけはずすことを許されるらしい。所持品も房内から全て出されているというから、自殺や自傷行為防止の対策が徹底的にとられているわけだ。

噛みちぎった小指はもう、かさぶた状態になったというが、週1回、拘置所の医師が診察しているらしい。その医師に、ミトンをはずしてくれませんかと依頼したところ、「自分の判断ではできない」と言われたという。

その日の接見では、2月19日の最終意見陳述の3つの主張について、植松被告の真意を聞いた。

## 最終意見陳述での3点について確認

まず、1番目のヤクザの話。あまりに唐突で面食らった人が多かったのだが、面会室でのやりとりはこうだ。

——ヤクザの話は趣旨がわからないという人が多いけど、君はどういう意図だったの？

**植松**　ヤクザを排除すべきだということです。罪を重くすれば犯罪を犯さなくなると言いました。

——いや、でもなぜ1番目にヤクザの話なの？

**植松**　ヤクザのことを検察官などからも何度も訊かれたからです。

——2番目の「控訴しません」というのは君の意思を表明したのだろうけど、3番目もわかりにくくて、新聞などは、君が差別的主張を行ったと報道していた。「重度障害者の親はすぐに死ぬことがわかりました」というのは、君は以前から重度障害者の親は疲れ切っているとか言っていたけれど、同情して言っていたわけ？

**植松**　同情もありますが、自分は、重度障害者のめんどうをみてきた人が亡くなってしまう現実をいろいろ見聞きしてきました。（ここで何人かの例を挙げた）

——君の証言で意味深だったのが「この裁判の本当の争点は、自分が意思疎通がとれなくなった時を考えることだと思います」ということで、この趣旨はどういうこと？

**植松**　自分が意思表明できなくなった時のことを考えれば、安楽死を認める気持ちになると思います。

——ああ、そういうことか。でも「自分が意思表明できなくなった時」って例えばどういう時を想定しているの？

**植松**　例えば病気とかケガでそうなった場合のことです。

——「文句を言わず、我慢された33名のご家族と親を尊敬致します」という33名とは？（これは他の

記者の質問）

**植松**　全部で45名いるうちの、意見陳述を行った11名を除いた数です。だから34名ですが、間違って言ってしまいました。

――そうか。でも意見陳述しなかった遺族だって、法廷で陳述した人と同じ気持ちだったんじゃないの？

**植松**　……。

――裁判を振り返ってどういう感想ですか？（これも他の記者の質問）

**植松**　裁判とは大変だなあと思いました。

以上が3月3日の接見内容だ。

裁判が結審してから、出廷していた裁判員のうち2人が辞任した。手続き上は、補充の裁判員が代わりに入って判決は出されるから問題ないとはいえ、この異例の成り行きも、この事件がいかに難しい問題をはらんでいるかを浮き彫りにしたといえよう。

# 12 本質に踏み込めなかった裁判と死刑判決

3月16日午前11時20分、横浜地裁近くの公園には1600人を超える人が集まっていた。その日、午後1時半から開かれる相模原事件の判決公判の傍聴希望者だった。コロナウイルス対策で席をあけて座ることにしたとかで、それまでは20席以上あった一般傍聴席は10席に制限された。初公判もすごい倍率だったが、今回はそれを上回った。

さすがにその倍率を突破するだけの強運はなく、私は傍聴できなかった。開廷した1時半、裁判所内のロビーに、報道関係者を含め、大勢の人が集まり、固唾《かたず》を飲んで法廷への通路を見守った。

## 「主文後回し!」と死刑判決が伝えられた

開廷後すぐに出てきた記者が「主文後回し!」と大きな声で伝えた。報道席の記者たちは順次交代し、法廷内の様子を外の記者たちに伝えるのだ。主文後回し、というのは、死刑判決であることを意味していた。通常の裁判では最初に主文が読み上げられるのだが、死刑判決の場合は、被告人が動揺して進行が妨げられることがあるため、主文の読み上げが最後になる。だから主文が最初に読まれるかどうかで報道陣は判決内容を判断する。

そして45分ほど経った頃、法廷から次々と記者が出てきて「死刑判決！」と告げた。あたりが緊迫した空気に包まれた。誰もが予想していた結果だが、やはり「死刑」の2文字は重かった。

裁判長が閉廷を宣告した直後に、植松被告が手をあげて「最後にひとつだけ」と発言を求めたこともわかった。しかし、裁判長はそれを制止して法廷を閉じた。

植松被告が最後に言いたかったことは、その公判前の3月3日の接見時に本人が語っていた。死刑判決は覚悟したし、控訴もせずに終わりにしたい、ただ最後にこれだけは言いたい。本人がそう言っていたのは、「世界平和のためにマリファナ（大麻）が必要」ということだった。

公判終了後、家族会前会長の尾野剛志さんら何人かが会見を行った。尾野さんは「死刑判決は大きな区切りだが、これで終わりではない。事件を風化させないために私たちも努力するし、報道の皆さんもがんばってほしい」と語った。

津久井やまゆり園の入倉かおる園長とかながわ共同会の草光純二理事長は、判決で植松被告の施設での体験にも言及されたことを受けて、園としても考えていくと話した。入倉園長は、かつて同じ施設で働く職員だった植松被告と、法廷での彼とが全く違う人になってしまったように見えたと語った。そして、自分がやったことがどういうことだったのか、死ぬ直前まで向き合ってほしいと付け加えた。

私もその会見前、裁判所を出た時にマスコミの囲み取材を受けた。この裁判では新たにわかった事実もあって貴重だと思ったが、争点が、植松被告の責任能力の有無に絞られ、障害者差別や施設の問題が掘り下げられなかったのは残念だ。概ねそういう話をした。

裁判が本質に迫れていないと前述したが、判決文の中にこういう一節がある。

《犯行動機の中核である被告人の重度障害者に関する考えは、被告人自身の本件施設での勤務経験を基礎とし、関心を持った世界情勢に関する話題を踏まえて生じたものとして了解可能であり、病的な思考ないし思考障害によるものとはいえない》

裁判所が認定した犯行動機は「施設での勤務体験」を基礎とし、「関心を持った世界情勢に関する話題」を踏まえたもの、というわけだ。植松被告がなぜ障害者を支援する立場でありながらあのような考えに至ったのか、その「基礎となった施設での体験」とはどういうものなのか。これはとても大事なテーマだ。

そして同時に、植松被告が影響されたという世界的な排外主義の風潮が事件にどんな影を落としているのか。それも、もっとつきつめなければいけない課題だ。

でも読んでみればわかるように、判決はその2つを「病的な思考ないし思考障害によるものとはいえない」、つまり責任能力はあるという結論に落とし込むプロセスとしか捉えていない。実際、その2つに対する掘り下げは裁判では全くなされなかった。

こんな浅薄な追及で事件を終わらせてしまってよいのだろうか。それはこの事件に関心を寄せている多くの人の感想だ。私のもとにも多くの人から、これで終わりにならないように植松被告を説得してほしい、という声が寄せられた。

## 3月19日の接見で死刑について話した

その後、3月19日には監督・作家の森達也さんと一緒に接見した。

植松被告の右手小指に包帯がまいてあったが、面会室でその包帯をスポッとはずして小指を見せてくれた。傷はふさがっていたが、先の方は紫色に変色していた。被告が面会に来る人にそうやって指を見せていることは聞いていたが、そのたびに立ち合いの職員が止めているようで、その日も「やめなさい」と注意していた。

植松被告との面会で、森さんは控訴を強く進言していた。私も既に何度か進言しては拒否されていたので、難しいとは思いつつ、もう一度、彼の意思を確認した。

控訴する意思はもう本当にないのか、尋ねると、案の定、こう言った。

「今からやっぱり控訴しますというのでは筋が通らないでしょう」

「死ぬことは怖くないのか」

と、森さんが尋ねると、こう答えた。

「悲しいなとは思います。死刑に納得しているわけではない。でも仕方ないと思います」

裁判にも納得しているわけではないという。そして何よりも接見禁止がついて「今まで会ってきた人たちと会えなくなってしまうのが残念だ」と語った。

## 13 控訴取り下げは「安楽死する人と同じ気持ちだ」

3月30日、月曜の朝一番で植松被告に接見した。3月16日に出された1審死刑判決に対して、27日に弁護人が控訴したのだが、植松被告は前から、控訴したら取り下げると言ってきた。接見したのは9時頃だったが、植松被告は、既に取り下げの書類を取り寄せていると言っていた。だからその接見は、彼を説得する最後のチャンスだった。

その日は、私もかなり説得したのだが、結局、植松被告は午後、控訴を取り下げてしまった。

### 「死刑は納得できないし、死にたくはないけど…」

あのような本質に迫らぬ裁判で相模原事件を終わらせてはいけないという声が、この間、私のところにもたくさん届いていた。植松被告本人にもたぶん多くの声が届いているだろうと思い、尋ねた。

──君のところにも控訴取り下げはやめてほしいという手紙が来ているでしょう。

**植松**　たくさん来ています。とてもありがたいと思います。でも自分の考えはもう伝えさせてもらっているので変わりません。

――弁護人が金曜に控訴したことはいつ知ったの？

**植松**　金曜か土曜にマスコミの方から電報をいただいて知りました。

――弁護人とはそれについて話してないの。

**植松**　先週の月曜にいらして控訴するという話は聞きました。何も（取り下げ）しないでほしいとも言っていました。

――その弁護人の方針を聞いてどう思った？

**植松**　ありがたいと思いました。

（注・ありがたいとは、彼の死刑を回避せんと弁護人がやってくれたから、という意味だろう）

――でも君の決意は変わらないの？

**植松**　けさ早速、書類を届けてほしいと申し上げ、手続きに入っています。

（注・控訴取り下げの手続きは、拘置所側から書類を受け取り、それに記入して提出する）

――でももう弁護人が控訴したのだから、きょうが控訴期限（判決から2週間）だという意味はなくなったし、あわてて取り下げる必要はないのじゃない？　控訴趣意書提出まで期間もあるし、取り下げはいつでもできるんだから、きょうやらなくてもいいじゃないか。

**植松**　ずるずる延ばす意味はないし、2審3審はやっても無駄だと思っています。

――もう死を覚悟してしまったということ？

**植松**　そうではありません。死刑は納得できていないし、死にたくはないんです。でも言ったことは実行しないといけないと思っています。

——法廷で言ったということね。あんなこと法廷で宣言する必要なかったのに。

**植松**　確かに言いすぎだったかなという気持ちもあります。

——あそこまで明確に言わなくても良かったかなということね。君も葛藤はあるわけだ。

**植松**　こんなふうに皆さまとお会いして話をすることができなくなるのは辛いですね。安楽死する人と同じ気持ちかもしれません。安楽死する人の気持ちがわかります。

——生きたい気持ちもあるということね。

**植松**　生きたい気持ちはあります。

ひとつ思ったのは、先日、オウムが控訴したというニュースがありました。それを聞いて、一緒にされたくないなと思いました。オウム事件の後遺症に苦しんでいる人をテレビで見て、本当に可哀そうだと思ったので。

——別にそれと同じだとは誰も思わないよ。きょう取り下げる必要ないから、やり残したことないか考えてからにしたら？　先週、友人たちが接見に来たでしょう。地元の友人のほかに、大学サークルの友達だっているじゃない？

**植松**　それはもういいです。友人は一通り来て別れを告げましたから。

結局、説得することはできず、植松被告は30日に控訴を取り下げてしまったのだった。31日午前零時に死刑が確定した。多少、迷っているようなことも口にしたので、わずかな期待も抱いたが、彼の決意は固かったようだ。

## 控訴を取り下げたもう一人の死刑囚にも接見

3月30日、私は植松被告に接見した後、新幹線で大阪に向かった。大阪地裁で死刑判決を受け、控訴を取り下げた寝屋川事件の山田浩二被告に接見するためだった。2件の控訴取り下げを同じ日に説得というのも複雑な思いだった。しかも山田被告の場合、控訴取り下げは二度目だった。3月30日時点でまだその事実をマスコミは報じていなかったが、私のもとへ本人から控訴を取り下げたことを知らせる手紙が3月28日に届いていた。

寝屋川事件とは、2015年夏、中学生の男女が深夜連れ去られ殺害された事件だ。商店街の防犯カメラに残された2人のあどけない姿が連日、テレビに映し出され、多くの人の涙を誘った。逮捕された山田被告は2018年12月に死刑判決が出され、控訴した。ところが、2019年5月18日に突然、控訴を取り下げた。彼は死刑判決の後から『創』に手記を書いていたのだが、控訴取り下げという知らせに驚いて、私は大阪拘置所に駆け付けた。

事情を聞いてみると、手紙を書くために貸与されたボールペンの返却が遅れたために刑務官と口論になり、パニックに陥って控訴を取り下げてしまったという。冷静になってからは、その行為を激しく後悔していた。私は2日続けて東京と大阪を往復して接見し、控訴取り下げ無効の申し立てを行うよう勧めた。それを受けて山田被告は申し立てを行ったが、死刑判決は確定してしまい、接見禁止になった。確定した死刑判決を覆すのは無理だというのが、大方の法曹関係者の見方だった。

ところが2019年12月17日、大阪高裁は、山田被告の申し立てを認める異例の決定を下した。それに対して検察が最高裁に特別抗告、それも2020年2月25日に最高裁が却下した。しかし、一方で検察は特別抗告と別に大阪高裁に対する異議申し立てを行っており、そちらは3月17日、前年末の大阪高裁第6刑事部の決定に対して、第1刑事部の判断で「原決定を取り消し原裁判所（第6刑事部）に差し戻す」という決定となった。弁護側はこの決定に対して3月23日、最高裁に特別抗告を行った。

相模原事件の裁判と並行して、山田被告の控訴取り下げをめぐる攻防も佳境に達していた。ところが、その渦中の3月24日、何と山田被告は、二度目の控訴取り下げ手続きを行ったのだった。またも拘置所側の処遇に憤り、1年前と同じ行為に及んだのだった。彼は私への手紙にこう書いていた。

「刑務官の嫌がらせに耐えられそうにありません」「刑務官のことを呪いながら処刑場へ連行されて逝きます。さようなら」

山田被告は以前から、刑務官による嫌がらせを訴えていた。確かに話を聞くと深刻な状況だった。でも1年間の努力が水泡に帰すかもしれないと知って、私は激しい虚脱感に襲われた。

ただ、まさに控訴取り下げをめぐる争いをしていた最中だけに、裁判所も二度目の取り下げの真意を測りかね、弁護側と協議を行うことになった。ちょうどそこへ新型コロナ騒動で司法現場にも混乱が生じ、控訴取り下げは、本稿執筆の5月下旬時点で受理されておらず、判断が宙に浮いた状態だ。

実は、私の関わった死刑事件で、被告が控訴を取り下げて死刑を確定させた事例は幾つかある。そんなふうに被告自らが死刑台への道を選択する事例が幾つも出てくるというのは、考えてみれば深刻な事態だ。例えば寝屋川事件も、山田被告が取り調べに対して黙秘を貫いたこともあって、裁判では十分な真相解明ができていない。

山田被告をめぐる経緯をここに書いたのはほかでもない。相模原事件の裁判をこのまま終わらせてはいけないというのと同じ思いに駆られたからだ。裁判とは、被告人をどう裁くのかというだけでなく、事件を解明するという、大事な使命があるはずだ。それが極めて不十分なまま、被告人を死刑にすることで事件を終わらせてしまってよいのだろうか。

私が関わった死刑事件では、2004年に起きた奈良女児殺害事件も、被告が自ら控訴を取り下げ、死刑判決を確定させた。小林薫死刑囚(既に執行)は、今の社会に絶望して自ら死刑を望むと裁判中から主張し、公判でも積極的に事実を争おうとしなかった。

私が長く関わった埼玉連続幼女殺害事件が昭和から平成に変わる年に起きたというのは象徴的で、その後、この30年余、動機がわかりにくく、精神鑑定が裁判で争点になる事件が目につくようになった。これは社会の複雑化によって犯罪が複雑化したことの現れだと思うのだが、今のこの社会は、そして司法のシステムは、そういう変化に十分対応できないでいるように思えてならない。

相模原事件にしても、あの戦慄すべき犯罪に、この社会はいったいどれほど対応し得たのだろうか。果たして事件は解決したと言えるのだろうか。その思いは、今も深まるばかりだ。

## 14 面会室で語られた「両親も控訴取り下げに反対した」

4月1日にも植松死刑囚に接見した。3月31日午前零時に死刑は確定しているのだが、死刑確定者の処遇に移る事務手続きにある程度日数を要するため、一定期間は接見が可能なのだ。

私のところには事件に関心を持っていた障害者や福祉関係の方からいろいろ連絡があるが、一様に言うのが「裁判は終わってもこれで議論や検証を終わらせてしまってはいけない」ということだ。

まさにその通りなのだが、それは簡単なことではない。何よりも植松死刑囚が接見禁止になり、世の中から消えてしまうことの意味は大きい。マスコミももう報道の素材がなくなってしまうから、一気に報道は少なくなるだろう。

3月31日、日本障害者協議会が「津久井やまゆり園裁判員裁判の終結にあたって」という声明を発表した。裁判では「真相が何一つ解明されなかった」という強い表現だ。そして最後にはこう書かれている。「くり返し述べる。『裁判員裁判は終わったが、真相は闇の中』と。そして、『忘れない』とも。私たちなりに、これからも事件と向き合っていきたい。立法府や政府に対しても真相の解明を迫りたい」

この3年間、障害者関係の様々な団体や個人と関わったが、この日本障害者協議会の藤井克徳代表にも多くの示唆をいただいた。事件当初から犠牲者が匿名にされていることに対しても、それ自体が障害者への差別ではないかと、日本障害者協議会は批判してきた。障害者の当事者団体がそう訴えることの意味はとても大きい。

## 「控訴取り下げには迷いもあった」

さて4月1日の接見で、植松死刑囚は「親は2人とも控訴取り下げに反対していた」と語った。判決後、親はまだ接見に来ていないが、手紙のやりとりは行ったという。親が取り下げに反対だというのは、もちろん基本的にはどんな犯罪を犯そうと家族としては当然の感情だろう。でもいろいろなことを考えて複雑な思いであるに違いないとも思う。

死刑囚の場合、刑が確定すると家族が縁を切ってしまうケースもあるのだが、彼の両親は、少なくとも家族として、いまだに胸を引き裂かれるような思いにかられているに違いない。

今回の事件に接して、植松死刑囚の家庭環境に問題があったのではないかと考えた人は多いのだが、法廷に出された証拠を見ても、また植松家と家族ぐるみでつきあっていたという近所の友人に話を聞いても、植松家はごく普通の仲の良い親子だったらしい。父親は図工の教師、母親はマンガ家だが、植松死刑囚はその夫婦に生まれた一人息子だ。

私は幼女連続殺害事件の宮﨑勤死刑囚とは彼が処刑されるまで12年間付きあったが、死刑執行の後にわざわざ母親から「長い間、勤がお世話になりました」と電話がかかってきた。宮﨑死刑囚の場合、父親は事件を苦にして自殺。その後母親は、定期的に息子に接見して、親としての責任を果たそうとしてきたのだった。息子によって自分の半生をずたずたにされてしまったわけだが、その息子のために、世話になった相手にお礼の電話をするという気遣いを示したのだった。

刑の確定後も植松死刑囚と接見を重ねる過程で幾つか新たにわかったこともあった。例えば今回の接見でも「裁判を続けるのは間違っているという思いは変わらないけれど、取り下げには葛藤もありました」という話の中で、「取り下げるのをやめようかと思ったこともありました」と彼が語ったのには、「え?」と思った。

いったいどういう理由でそう思った瞬間があったのかと尋ねると、「いろいろな人とお会いして話をすることができなくなることが一番残念です」。これはこれまでと同じ答えだが、もうひとつ、こうも言った。

「マンガを描いたり絵を描いたりという仕事を自分はまだやれると思っているので」

そして「まあ仕事と言えるほどのものではないですが」とも付け加えた。

彼は、マンガやイラストを描くことに、やりがいを見出すようになっていたらしい。実際、私が接触し始めて2年半の間に、彼のイラストなどの技術はかなりアップした。

植松死刑囚は、拘置所に保管していた本などを宅下げといって外へ出し始めているのだが、私が前回、宅下げを頼まれて持ち出した本の中には、『夜と霧』『アンネの日記』『「母親に、死んで欲しい」介護殺人・当事者たちの告白』といった本にまじって『デザイナーのための鉛筆デッサン』という本もあった。本格的にデッサンの勉強をするための本だ。

## 控訴取り下げを「自死」と表現

この間、もうこれが最後だと自覚して植松死刑囚はいろいろな人に会っているのだが、合理的な話とともに、彼が必ず話すのがイルミナティカードの予言と『闇金ウシジマくん』だ。

どうも彼によると9月6日、7日に震災があって原爆が落ち、首都圏は崩壊するらしい。それを真剣な表情で語り、接見している相手にも「その時期、東京を離れたほうがいいですよ」と勧める。

ただ今回の接見ではその期日が6月6日、7日と3カ月早まっていた。どうして早くなったのかよくわからない。そしてこうも言った。

「1年以上前ですが、幻覚を見たんです。ここの壁がバラバラと崩れていく光景です。私は死刑が確定しますが、死刑で死ぬことはないと思っているんです」

どのみち日本は破滅するのだから、死刑確定はそれほど意味がないというのだ。

前回の接見と同様、今回も、自ら控訴を取り下げて死刑を確定させたことを「安楽死する人の気持ちがわかった」と言っていた。「死にたくはないけれど、一方でやはり死ぬべきだという気持ちがある。2審3審と続けるのは意味がない」と語った中で、それを「自死を選択した」とも表現した。その選択は自死、つまり自殺と同じだというのだ。

控訴取り下げを彼は「自死」と考えているらしい。

「ヒトラーが、死んでしまえば楽になると言ったという話もありますが、自分はそう思わない。もちろん今の生活は幸せじゃないし、ちょっとしたことでイライラして、死にたくなることはあります。でも実際にやろうと思ったことはありません」

死について思う機会は増えているようだ。

## 植松死刑囚の小学校時代の障害者観

続いて4月3日にも植松死刑囚に接見した。不十分な審理に終わった裁判でよくわからなかったことを本人に確認するためだ。

話題になったのは、植松死刑囚の障害者への原体験ともいうべき、小学校、中学校を通じて同じ学年にいたという障害者の話と、彼が小学校で書いたという障害者に触れた作文だ。

植松死刑囚の障害者との接点は、もちろん津久井やまゆり園での体験だが、もうひとつ本人が指摘するのは、小中学校時代、同じ学年にいた障害者を毎日送り迎えしていた母親の疲れた悲しそうな表情だという。

それからもうひとつ裁判で飛び出したのは、植松死刑囚が小学校時代に障害者への差別意識を作文に書いて提出したことがあったというエピソードだ。もともとは取り調べで植松死刑囚から話したことらしい。

自由課題で作文を書かされたことがあって、その時、植松少年は、戦争にあたって、敵をやっつけるために障害者に爆弾を背負わせて敵地に突っ込ませるという話を書いたらしい。彼の供述だと、その作文にはいつも書かれる担任教師のコメントがなかったという。

実はこの話を、植松死刑囚と同じ学校の同級生だった友人に話したところ、「それは差別というより、彼が調子に乗って書いたもので、確か担任の先生に叱られたと思う」と言っていた（第19章参照）。

そこで4月1日に接見した時に、植松死刑囚に、友人はこう言っていたよ、とぶつけたところ、最初は「いや、そんな事実はない」と答えた。しかし、3日の接見の時に、植松死刑囚から再びその話が出て、「もしかすると自分の記憶がないのは、教師に言われたとしても納得できなかったからかもしれない」と語った。

何しろ小学校時代の昔の話なので記憶が薄れるのは当然だ。しかもそのエピソードを、植松死刑囚の障害者観と単純に結びつけるのは、かなり無理がある。でも、植松死刑囚の小中学校時代、特に同学年の障害者について、彼がどんなふうに見て、どういう印象を残したかについてはもう少し掘り下げてみたい。

# 15 死刑確定で刑場のある東京拘置所へ移送

連日のように植松死刑囚に接見している。4月6日にも足を運んだ。いつ接見禁止になるかわからないため、少しでも会って、いろいろなことを聞こうと思うからだ。

4月3日頃まで新聞・テレビなどのマスコミも接見取材に来ており、朝8時半に横浜拘置支所に行くと、他のマスコミも来ていて、接見申し込みをした中から毎回、植松死刑囚が面会可能な3人を指名するということが連日続いていた。しかし、3日を境に大手マスコミはパタッと訪れなくなった。そもそも植松死刑囚自身、確定後も接見ができるのは4月3日頃までと思ったのだろう。接見の約束は3日までで、その後は特に予約がない状態だった。

それ以降は私を含め、一部の人間が接見しているのだが、植松死刑囚は「もう一通り別れを告げた後に、こんなふうに会うというのも何となく気まずいもんですねえ」と冗談めかして言っていた。

## 損害賠償の民事訴訟が始まった

さて、今回の接見では、植松死刑囚に民事訴訟の進行について尋ねた。彼は事件の犠牲者遺族2人から損害賠償訴訟を起こされているのだが、刑事裁判が終結したので、民事訴訟が本格的に始まったのだ。それぞれ答弁書の提出期限は4月9日と15日だったが、今回聞いてみると、答弁書は両方とも同じ内容で既に提出したという。

刑事裁判の1審弁護団はもう解散してしまったので、民事訴訟の代理人弁護士をどうするか検討はしていたが、これだけの難事件だからすぐに私選弁護人を見つけることができず、結局植松死刑囚は、当面、代理人をつけずに対応することにした。そう決まってからすぐに自分で答弁書を書いたらしい。

民事訴訟の場合は、相手の訴えに対して争うのか認めるのか、被告側が裁判所に答弁書で最初の意思表示をするのだが、植松死刑囚は請求金額4400万円と7500万円について、受け入れられないという意思表示をした。実際には5～6行の文章だったというが、平均寿命などをベースに算出したその損害賠償に同意できないとし、事件を起こした自分の主張も述べたようだ。

植松死刑囚は死刑が確定しており、民事訴訟で損害賠償請求が認められたとしても現実的に支払われることは難しい。ただ訴訟に踏み切った犠牲者遺族側にとっては、死刑が確定しても納得していないという意思表示なのだろう。

## 「執行まで生きていられるかわからない」

植松死刑囚はこのところ、面会した人に対して、イルミナティカードによると6月6・7日に首都圏は滅亡するから避難した方がよいと熱心に語っている。

ただ少し前までそれは9月6・7日だったから、あれ?と思ったが、本人の説明によると、パラリンピックが終わるのが9月5日なのでその日と思っていたが、オリンピック・パラリンピックは延期になってしまったし、本当は6月だったという。

植松死刑囚が控訴を取り下げ、死刑を受け入れた背景のひとつには、執行前に首都圏が滅亡し、自分は死んでしまう可能性が高いという思いもあったらしい。

彼によると、イルミナティカードの予言でオリンピック延期も決められていたし、新型コロナウイルスもそうだという。面会に同席した渡辺一史さんが「もし6月6・7日を過ぎても何も起こらなかったらどうします?」と尋ねたところ、彼はこう答えた。「私が生きていることはあるかもしれない、でももう日本はないでしょう」「横浜とか、きれいな街なのに残念です」。横浜に大震災が起き、原爆が落ちるというのだ。

そのほか、この間、起きた興味深い話も紹介しておこう。この3月頃から、植松死刑囚は、大口病院事件の久保木愛弓被告についてしきりに気にするようになった。大口病院事件については忘れている人も多いだろうが、入院中の高齢者が次々と亡くなり、女性看護師が消毒液（ヂアミトール）を点滴に注入したという殺人容疑で逮捕された事件だ。ちょうど相模原事件の起きた2016年夏に同じ神奈川県で起きたもので、当時から相模原事件と通じるものがあると感じていた人もいたようだが、驚くべきことに植松死刑囚自身が、自分の事件が背中を押したのではないかと、責任を感じているというのだ。

植松死刑囚は久保木被告に手紙を送り、最近、面会に来た記者や私に依頼して、本や現金を差し入れた。突然そういうものが届いては驚くだろうと思い、私は本と一緒に手紙も入れて説明した。そしたら、お金については、届いたとたんに「受け取り拒否」をしたようで、現金書留封筒のまま返送されてきた。どうやら相模原事件と自分のことは関係ないという意思表示らしい。

相模原事件と通底すると見られている事件は他にも起きているのだが、その一つ大口病院事件に対して、植松死刑囚自身が関心を持っていたことは興味深い。

## 4月7日に東京拘置所に移送

さらに4月8日朝にも横浜拘置支所を訪れた。渡辺一史さんと一緒に、いつものように手続きを済ませたところ、係官から「ここにはもういません」と告げられた。どうやら7日朝に移送されたらしい。6日の接見が最後の機会だったわけだ。

移送と聞いた時点で、もう接見禁止がついているだろうとは思ったが、渡辺さんがその日、札幌に帰ることもあり、見届けたいというのでその足で東京拘置所に行ってみることにした。移送先は教えてもらえないのだが、刑場のある東京拘置所であることは明らかだった。

東京拘置所に着いたのは10時半頃。面会申し込みの手続きをしたところ、やはり「できません」とのことだった。現金の差し入れをしたところ、それは認められた。死刑確定者には手紙も電報も含め外部とのやりとりがいっさいできなくなるが、現金差し入れだけは認められる。だから現金を差し入れるのが相手の存否の確認手段だ。こちらがその日、拘置所に会いに来たことも相手に伝わる。

裁判が始まって3カ月、接見を含む接触を始めてから3年近く、植松死刑囚との関わりはこれで一区切りを迎えた。彼はもう家族や弁護士以外との接見が基本的にできなくなり、社会的には死を迎えたことになる。自ら控訴を取り下げて死刑を確定させたから、執行も比較的早いだろう。6日に確認した時、再審請求は全くやるつもりはないと言っていた。何よりも、死刑確定者をいつまでも延命させるのには反対だ、というのが彼の持論だから、覚悟はしているだろう。

凶悪犯と言われる人物であろうと、死というのは重たいもので、東京拘置所からの帰路、何となく重苦しい気持ちになった。裁判の間、連日、マスコミが押しかける中で、植松死刑囚にはある種の高揚感に包まれていた感じもあった。それが再び、何日も誰とも口をきかない生活になったわけだ。恐らく強く「死」を意識したに違いない。

植松死刑囚が最後に発送した手紙が、移送された7日に私の手元に届いた。創出版刊『開けられたパンドラの箱』や『創』に彼が書いてきた文章について、全部読み返して修正したい箇所を書いてきたのだった。自分は執行されてこの世を去るのだが、記録はきちんと残したいという心理かららしい。

世界中を震撼させた相模原事件は、植松死刑囚が「死」へ向けて後戻りできない一歩を踏み出した今、新たな状況に至った。風化させずに解明を進めることはどうすれば可能なのか。凄惨な事件をこの社会はどんなふうに教訓化できるのだろうか。

第2部

# 死刑判決をどう見るか

公判後に会見に応じる尾野剛志・やまゆり園家族会前会長

# 16 相模原事件をめぐって残された大きな課題

渡辺一史［ノンフィクションライター］
雨宮処凛［作家］
西角純志［津久井やまゆり園元職員］

相模原事件は3月16日に死刑判決が出たが、裁判で真相解明がほとんどなされなかったとして多くの人がこれで幕引きになることを懸念している。そこで、裁判を含めてこの事件をずっと追ってきたメンバーで、改めてこの事件について掘り下げてみることにした。3月実施の座談会なので、「被告」など肩書きはそのままにした。

## 死刑判決をどうとらえるのか

――いつも裁判所で顔をあわせていたメンバーですが、まず渡辺さんから、今回の判決についての感想をお願いいします。

**渡辺**　死刑判決を聞いた時、二つの思いが同時に湧いてきました。一つは、植松被告に奪われた命の数だけからしても、最高刑は当然だろうという思い。

もう一つの思いは、植松被告は今でも「心失者はいらない」という主張をまったく変えていませんが、そんな彼に対して、「お前こそいらない」という判決を突きつけたのが今回の死刑です。まさに植松被告と同じ論理で、彼を社会から排除することを意味します。それが果たして本質的な問題解決といえるのか。

また、植松被告が自分の主張を見つめ直す可能性は本当にないのか。二つの思いが、同じ重みでのしかかってきました。今後もこれらの思いを抱えながら、事件を考えていかなくてはと思います。

**雨宮**　この20年くらい、日本はずっと自己責任社会で、とにかく競争に勝ち抜け、勝ち抜けないならホームレスになって死んでくれみたいなメッセージを発してきた。相模原事件は、それをそのまま受け止めた人間の最悪の回答と、裁判の前は受け止めていました。

でも裁判が始まって傍聴してみたら、本人が予想していた以上に「変」だった。UFOの話もイルミナティカードの話も、言っていることがかなりおかしい。それに対して逡巡《しゅんじゅん》もなく、堂々と言っていたので、本人のキャラクターというか、そこにすごくびっくりして、それまでの問題意識と少し変わったというのもあったんです。

それにプラスして、『開けられたパンドラの箱』（創出版刊）を判決前に読み返したら、精神科医の松本俊彦さんが言っている「彼にはドロッとした部分が見えてこない」という表現が気になりました。実際、植松被告には情念も闇も感じることがほぼなかったし、おかしなことを言えば言うほど友人や親など周りから持て余されていく感じは確実にあったんだろうなと。ただそれがなんであの事件に結びつくのかというのは、裁判を通してもむしろわからなくなったという印象ですね。

**西角**　僕は2016年7月の事件当初から犠牲者19人の「生きた証」を残す活動、事件を記録に残す活動をしてきました。1年くらい経って『創』に植松被告の「獄中手記」が掲載されるようになり、犠牲者を知る元職員として、そして研究者としても裁判に備えて何か準備をしなければならないと思っていました。接見も可能だということで、被告に手紙を書き、接見を始めました。最初の印象は誰もが言うようにごく普通の人で、「どうしてこんな人が」というものでした。

今回の裁判での率直な感想は、自己演出型のパフォーマンスが強いのかなということでした。「世界が平和になりますように」というツイッターの投稿がありますが、事件前から彼は、当時大統領候補だったトランプに心酔していました。「髪を金髪に染めて赤いネクタイをして、ドナルドっぽい」。トランプ大統領が「いいね！」を押してくれるんだという証言もあります。事件もさることながら、裁判も全体を通してみると、自己演出型の劇場裁判だと感じました。

## 植松被告の家族関係はどうだったのか

**渡辺**　裁判を傍聴しながら、僕はずっと自分の取材不足を痛感させられました。例えば、植松被告が犯行時まで付き合っていた女性が検察側の証人として法廷に立ちましたが、僕がどんなに努力しても彼女の連絡先さえつかめなかった。でも実際、法廷での彼女の証言からたくさんの情報を得られました。

植松被告は女性経験が豊富で、中学時代に2人、高校時代にも2人の交際相手がいました。その1人である高校時代の彼女の供述調書が弁護人によって読み上げられましたが、それを聞いた時も衝撃を受けました。例えば、こんな箇所がありました。《私たちは土日になると、いつもお互いの実家を行き来しました。植松の家に行くと、お母さんが「さとし良かったね、いい彼女ができて」と言葉をかけてくれました。お父さんは最初は取っつきにくかったけど、ある時お昼ごはんにパスタを作ってくれて、4人で一緒に食べました。植松は、今日はどこでデートしたかなど、両親に何でもオープンに話していました》というんです。

これまで植松被告の生育歴、とりわけ両親との関係は謎に包まれていました。面会時に訊いても、彼は口を閉ざしているし、両親へ取材依頼の手紙を送りましたが、いまだどのメディアの取材にも応じていません。植松被告は、父親が小学校の教員、母親が漫画家という家庭に生まれたひとりっ子ですが、「父親が教員なので厳格すぎたのではないか」とか「母親が表現活動にのめり込み、子どもへの愛情が不足していたのではないか」など様々な憶測が流れていました。僕も、植松被告の人間形成上で、何かしら親子関係や家庭環境に問題を抱えていたのではないかと予想していた一人ですが、どうやらそうではないのではないかと。

その後の公判で、精神鑑定の結果が示された際にもそれが裏づけられました。この事件に明快な解答などなく、いつどこの家庭に植松被告のような人間が現れても不思議ではない。そうした、より深い問題に投げ込まれた気がします。

植松被告には友人が多く、交際相手は大学以降も途切れることがなく、いわゆる「リア充（現実の生活が充実している人）」に属するタイプなんですね。昨今の無差別大量殺人の犯人によく見られるような孤立感がまるでない。2019年の京都アニメーションの放火殺人事件や、2008年の秋葉原通り魔事件など、まともな職や人間関係に恵まれない人間が、社会に復讐《ふくしゅう》を試みるかのように起こす事件とは、質的に異なる事件だと思います。

**雨宮**　植松被告を見ていて思うのは、表面的にはフットサルのサークルとか入ってリア充っぽいけど、例えばイルミナティカードにあそこまでハマっているとか、謎ですよね。植松被告自身、「人生がうまくいっている人たちは興味を持ちませんでした」と言っていたけど、確かに超能力的なものとかスピ系に過剰にハマっている人って、人生うまくいっていないに決まっているという大前提があるわけじゃないですか。UFOだのイルミナティだの言っている人で超リア充でお金持ちの人は一人もいない。植松被告のように、特に何者でもない人がハマるというのは、渇望感というか、何かになりたい、承認されたい、役に立ちたい、俺はもっとすごいんだと言われたいけど誰も言ってくれないから、カードで予言されているということを過剰に、他人にまで言ってしまう。自己顕示欲の飢えというのはありますね。でもあまりドロドロしていないという不思議な感じ。

## 「リア充」だったのか、終末思想との関係は?

**西角**　その根本原因が家庭にある人は多いと思います。自己承認欲求の根源は親に受け入れられていなかったというのはよくあるパターンです。植松被告から2019年6月11日に届いた手紙にリア充が出てきます。

「恐縮ですが『バカ』と『リア充』は私の考えに賛成しませんでした。反射的に反対するのが当然ですし、何度か説明し、リア充の方々に訳をご理解頂けて安心しました」

**雨宮**　じゃあ自分のことをリア充だとは思ってなかったということ?

**渡辺**　外形的には「リア充」ですけど、内面的な孤立を抱えていた可能性はありますね。今の若い世代ってそうかもしれないけども、表面上は親と仲良しでも、仮面家族かもしれない。

以前、植松被告と面会した時に、なぜリア充の生活だけで満足できなかったのかと尋ねたんです。すると、彼は「リア充を知っているからこそ、それを持続するために頑張らないといけない」と。

大学時代、彼はフットサルサークルに所属していましたが、スノボサークルとも仲が良かったそうです。そのサークルは、親が会社経営者だったり、大学に外車で通ってくる学生などがいて、いわゆる富裕層の学生が多いサークルだったそうです。遊び方もクラブのＶＩＰルームを借り切ったり、高いレートで賭けマージャンをするなどで、植松被告は彼らについていくのが楽しくて、借金して一緒に遊んでいたそうです。

――完璧なリア充だと植松被告のような終末思想に行き着かない感じもしますね。

**渡辺**　彼が傾倒するイルミナティカードの終末観では、９月６日に首都直下地震が起こり、９月７日に横浜に原爆が落ちるらしい。彼にとっては死刑執行より先に、日本が滅びるわけですからね。

**雨宮**　もうどうせ世界は滅びるという考えがあって、滅びるまでに事件を起こそうみたいな終末思想がありますよね。「一人オウム」っていうか。

——下手すると新型コロナウイルスも予言に基づくものということになる。

**雨宮**　地震が来て原爆が落ちてコロナが蔓延《まんえん》して世界が滅びるみたいな感じですかね。でもロスジェネで、サブカルど真ん中世代の45歳からすると、イルミナティカードとかフリーメイソンとか言っている人って、まだそんなこと信じているのかよと嘲笑されるカテゴリーなわけですよ。

**渡辺**　ネットで読んだ情報ですが、陰謀論に詳しいSF作家の山本弘さん（「と学会」初代会長）によると、イルミナティカードというのは、フリーメイソンとか陰謀論のパロディだというんです。でも真《ま》に受けている連中が多すぎると。

多くの人が、高校や大学時代に、何かの陰謀論に感化されて、世界をわかった気になる時期はあると思います。でも、植松被告の場合は、25歳くらいで初めてそうした世界に触れて、30歳になった今も信じ続けているのが特徴ですね。

**雨宮**　典型的なネット社会の弊害って感じもしますよね。ネットでわかった気になって俺だけが知っているみたいな…。

**渡辺**　僕が取材した植松被告の友人によると、仲間内でイルミナティカードに興味を持っている人は誰もいなかったそうです。また、植松被告は「アフリカＴＶ」という動画配信サイトに、犯行予告めいた自撮り動画の投稿を繰り返していましたが、そういうことも友人はまったく知らなかったと言っていました。

要するに、「ネット空間」は彼だけの世界だったわけです。そして、現実の友達に劣等感を抱きながら、ネットの世界では、差別的な意見や動画を投稿すると、称賛を得ることができる。「障害者はいらない」なんて言うと、「やっちゃえ、やっちゃえ」というような無責任な声に持ち上げられて、いい気分になってしまったというところがあったのではないか。

**雨宮**　そういう居場所があったことが彼をおかしくさせた。でもそうなってしまうのは、リアルでの孤立ですよね。リアルで称賛されていたらそうならないはずだから。

彼は大学デビューっぽくないですか。高校時代の友達からは自分たちはやんちゃだったけど、さと君は真面目でみたいに言われていて、大学では大学でイケている方に行こうとし過ぎて無理している感じですよね。だからやんちゃにもなれないし、金持ちリア充大学生にもなれない中で、もがいて空回っていたというか。

――友人たちと付き合いながらも内面的にはリア充になれてないってことなのか。

**渡辺**　まわりは植松被告を認めているし、リスペクトもしているのに、そのことを彼自身が受け入れない。勝手に自分をブサイクだと思い込んだり、いわば〝他者の視線なき自己否定〟なんです。

## やまゆり園での体験と事件との関係は

**雨宮**　やまゆり園についても悪くは言わないけど、給料が安いとか入所者から感謝の言葉がないとか報われないとか言ってますよね。一方で、歌手とか野球選手になっていればこんな事件を起こしていないとも法廷で言っていた。

――判決の中で、やまゆり園での体験が彼にとって事件を起こした基礎になったという表現をしていて、施設での体験が、彼の障害者観のベースになっているという認定はされています。

**西角**　施設での支援活動は、ある意味ルーティンワークです。決められた日課があり、決められた時間内で、決められた仕事をする。初めは誰しも戸惑いますが、先輩職員からいろいろ教えられて、慣れるにつれてただ仕事をこなせばいいといった感覚に陥ってしまう。入所者を人間として見えなくなってしまう。あるいは見なくなってしまう。感覚が麻痺《まひ》してしまうのです。それが支援のための支援、「支援の自己目的化」「不適切支援」へと繋がっていきます。

**渡辺**　被告人質問の時に、植松被告がやまゆり園で働き始めた頃、入所者に暴力をふるう先輩職員を見て、「良くないことだ」と口にすると、「お前も2~3年すればわかるよ」と言われたという場面がありました。やまゆり園側はこれを否定していますが、西角さんはそういう雰囲気を感じたことがありますか？

**西角**　2~3年経てばわかるというのはそうかもしれません。施設の職員じゃないとわからない感覚ですね。ただ暴力があったかどうかはよくわかりません。どこの施設でも虐待は問題にされます。もちろん施設側は、そんなことはないと否定するでしょうけどね。

やまゆり園についてよく問題にされるのはやっぱり身体拘束ですね。一時性と非代替性と切迫性の3つを満たさなければ身体拘束はできないというルールがあるんですが、施設側は基本的には家族から同意書をとってるんです。

**渡辺**　身体拘束については、２０１９年6月12日に、ＮＨＫ「おはよう日本」で放送された元利用者の松田智子さんの例がありますよね。智子さんは「突発的な行動もあり、見守りが難しい」という理由で車いすに拘束されていましたが、やまゆり園を退所後、今の施設で拘束を解かれた生活をするうちに歩けるようになりました。私もお会いしましたが、今では地域の資源回収の仕事もしています。

支援しだいで、障害は重度にも軽度にもなることの証明です。ただし問題は、やまゆり園だけにあるのではなく、やまゆり園はむしろ、日本の施設のスタンダードか、あるいは少し上くらいだと思います。給与水準は介護職としては高いし、残業はなく有給休暇も取りやすい。夜勤明けの翌日は休みという勤務体制も看護師並みです。やまゆり園に問題があるということは、日本の施設の大半に問題があることと同じだということでしょう。

そういえば、第2回公判で職員の供述調書が朗読された時、「施錠していない部屋の利用者はみんな犯人に刺された」という箇所がありました。やまゆり園では、夜間は職員の判断で施錠を行っていた様子が垣間見えます。居室の施錠も身体拘束の一つですから、当然同意書などが必要でしょうが、そのへんはどうなっていたのかと思います。

## 被告と障害者支援との出会い方の不幸

――植松被告は、自分の事件をやまゆり園の施設のあり方と結び付けられることに反発します。でもそこでの支援の仕事を批判的に語っているところもある。例えばどろどろの流動食を入所者に流し込むとか、ですね。

**西角**　流動食を流し込むと、むせ込んだり誤嚥《ごえん》につながります。嚥下の障害があったりして、刻み食やペースト食、飲み物にはトロミアップを使用します。流動食を流し込むというのは、まさに「支援の自己目的化」の問題です。職員には嚥下の研修があって、利用者の顎《あご》に手をやって姿勢を正しくと指導されます。でも実際の食事を見てたら「何これ」みたいなのもあって、動物が食べるのと同じだと受け止める人もいるかもしれない。例えば時間に追われて「あと5分で休憩です」とか言われたら流し込んでしまう。多かれ少なかれ、これが現場なのです。

**渡辺**　本来は固形の常食が食べられる人でも、過度な誤嚥防止から流動食にする例もあるのではないでしょうか。やまゆり園は県立施設だけに、何ごとも安全第一で、利用者目線というよりは、リスクを減らし、家族から苦情を言われないことを最優先する体質があるのではないか。そのために、施錠や身体拘束、投薬のハードルが低くなってしまう。

**西角**　安全第一です。全体的に見ている職員が手薄な中で、職員や家族から苦情がこないようにやっていこうかということになる。

**渡辺**　植松被告も、「やまゆり園に入ってこんな世界があるのかと驚きました」と被告人質問で答えています。やまゆり園は、重度の知的障害や自閉症による強度行動障害のある人が多い施設です。植松被告がいきなりそこに就職してしまったことで、障害者と不幸な出会い方をしてしまったという側面もありますよね。

**西角**　僕は、かつてやまゆり園の職員として知的障害者に関わり、その後は脳性麻痺、身体障害者の支援に関わることになった。そういう体験からいうと、もう少しいろいろなことが見えてくる。身体障害の人たちは職員の支援のあり方についても厳しく指摘してくる。むしろ自分はこの人の手足でしかないいんだというふうに感じることもあるくらいです。だから僕は、植松被告は障害者との出会い方を間違えたんじゃないかと思う。

**渡辺**　もう一つ、植松被告は被告人質問で、職員の中には、入所者に対して命令口調で話す人がいると証言していますが、それについてはどうですか。

**西角**　そこは心には思ってたりする人はいるし、職員によるわけです。例えば「行動障害」があり、動かなかったりする入所者を強引に支援したり、命令口調のように思える職員もいます。支援の対象者に原因を求めては駄目なんです。自分の支援の方法が悪いからそうなってしまうと考えないといけないのです。入所者は、障害を持っていることを前提に利用しているわけですから。そこが、植松被告には足りなかった。

――彼は事件の1年前の夏に転職を考えて準備も始めるんですが、ひとつの理由は給料が安かったからと言ってますね。

**渡辺**　植松被告にとって「お金」はあらゆる面で重要な要素ですからね。

でも、注意しないといけないのは、入倉かおる園長が判決後の記者会見で言っていたように、植松被告は最初の頃、「障害者はかわいい」と語っていたという言い方が一人歩きしているけれども、利用者に付き添う時にポケットに手を入れてたり、机の拭き方が乱雑だったり、最初から問題行動が目についたそうです。

**雨宮** 面接で、植松被告くらいの学歴の人であの歳《とし》で来たら、施設側は100%入れちゃうわけですよね。

**渡辺** 小学校の教員免許を持っていて、大学時代に学童保育のアルバイト経験もあるわけですから、絶対入れます。

## 事件を止めることはできなかったのか

――植松被告は事件の1年ほど前から福祉のあり方に疑問を感じ、年末には障害者はいらないと言うまでにエスカレートして、忘年会の後、ホーム長と喧嘩になる。今から思えば、その頃に何とか手の打ちようがなかったのかなという気がします。

**渡辺** 植松被告をどうにかして止める手立てはなかったのか。それはすごく重要です。いったいどうすれば、彼が事件を起こさないで済んだのか。どういう研修をすればよかったのか。

**雨宮** 障害者支援をしていて葛藤を持つのはある意味で当然だと思うんですよね。葛藤しながらやっていくというのが、障害の現場って皆そうだと思うんですけど。

**渡辺** 植松被告が差別的な発言をした時に、職場の先輩が「心に思っても口にするな」と言い、争いになったと言われていますが、友達の引き止め方も微妙で、「そんなことしたら捕まるからやめろ」

というのが多かった。植松被告にとっては、考え方自体は間違っていないと思ってしまった側面があります。

**雨宮**　逮捕されるぞとかじゃなくて、なぜ自分は健常者に生まれて彼らは障害をもって生まれたのかとか、命とは、人間の価値とは、みたいな根源的な話をしたかったのかもしれないですね。

**渡辺**　そういう気持ちを抱くことは誰しもあるわけですから、それは本当に正しいのかどうか、真《しん》摯《し》に問題を話し合えるような場を作れなかったものか。たとえ研修を行っても、上から下に知識を授けるだけの研修ではダメでしょう。

**西角**　研修では、グループワークも行われますが、研修だけではダメだと思います。危機管理がどうだったかですよね。

――裁判では施設や支援のあり方について全く俎上《そじょう》に載せられなかったけれど、同じ時期、法廷外では、指定管理のあり方をめぐって黒岩祐治神奈川県知事と県議会、それにやまゆり園の入所者家族たちとの間で激しい議論が続いたわけですね。

**渡辺**　２０１９年12月に黒岩知事は、やまゆり園を運営するかながわ共同会の指定管理期間の短縮と、管理者を公募する方針を県議会で唐突に表明しました。ところが、共同会側が県との協議に応じないなど、結局、紆余曲折《うよきょくせつ》を経て、再建されるやまゆり園の利用が始まる２０２１年度以降も、指定管理を継続させることになりました。

――障害者差別の問題にも裁判では全く斬り込めていない。今後も検証が大事だと多くの人が言っているけど、果たしてどんな形でそれができるのか。

**西角**　やまゆり園については、愛名やまゆり園の園長の不祥事と、松田智子さんの身体拘束問題があって、検証委員会が作られています。

**雨宮**　作家の佐藤優さんがおっしゃっていたけれど、国会議員が国政調査権を使って調査検証を行うという方法はありますよね。れいわ新選組の２人の議員にはぜひそんなやり方があることを伝えたいです。

## 事件の背景にある「命の選別」の思想

**西角**　やまゆり園が今後どうなるかについては建て替えの際の「再生基本構想」があります。「意思決定支援」「安心で安全に生活できる場の確保」「地域生活移行の推進」がキーワードですよね。家族会前会長の尾野剛志さんの息子さんは「重度訪問介護制度」による自立支援への道を歩み始めていますが、施設を選ぶのかどうするのか、考えて決めなくてはいけない。これまでは障害者を施設に預けっぱなしの家族も多かったのが現実です。

植松被告は結局、命を選別して事件を起こして、最後は国家によって命を選別されたわけですね。法廷で滝本太郎弁護士と「心失者」という概念をめぐってロボットと人間の違いは何かと議論になっていたけれど、植松被告は、「心失者」は感情はあるが、心を持っていない、見ればわかるんだと言うわけですね。将来、ロボットやＡＩも感情と心を持つようになるかもしれないということを言っています。

**渡辺**　彼は『開けられたパンドラの箱』でも、人間であることの条件として3つ書いてますよね。

1、自己認識ができる。

2、複合感情が理解できる。

3、他人と共有することができる。

じつはこれは、映画『テッド2』のパクリであったことが、検察側の証人となった交際相手の証言で明らかになりました。植松被告の家で一緒に『テッド2』のDVDを観ている時、「これだ！　俺が言いたかったのは」と目をキラキラさせて彼女の肩をポンと叩いたという。

ちなみに、初公判で植松被告が小指を噛んで係官に取り押さえられましたが、植松の友人によると、あれは映画『アウトレイジ ビヨンド』で中野英雄が演じるヤクザが、組幹部の前で指を噛み切って黙らせるシーンがあって、植松が「いやー、気合い入ってるわ」とやたら感動していたらしいんです。面会時にそれを言うと、痛いところをつかれた表情で、「わざわざ言うことではない」と言ってたので図星だったんでしょう。いろんなものに影響されやすい人なんですね。

**雨宮**　驚いたのは植松被告に死刑判決がくだったその日の深夜に日本テレビで『テッド2』を再放送してたでしょう。偶然とは思えない。公判から帰ってたまたまつけたらやっていた。何か植松パワーを感じました（笑）。

――渡辺さんはこれまでも障害者の問題を追ってきたわけだけれど、これからこの事件をどう検証していきたいと思っていますか？

**渡辺**　やまゆり園は日本の障害者施設としてはスタンダードだと思うので、そこで支援をしていた植松被告がなにゆえあのような考えに至ったのかは、さらに取材を続けたいと思っています。

## 何が植松被告を生み出したのか

――トランプに植松被告が心酔したように、世界的な排外主義的空気が事件の背景にあることは間違いないのだけれど、そこももっと掘り下げないといけないですよね。

**雨宮**　２０１８年、福生《ふっさ》市の病院で、人工透析を離脱すると言った女性が途中で苦しくなって透析再開を求めたものの再開されずに亡くなったということがあり、遺族が病院を提訴しました。財政難に少子高齢化で、命を選別をしないといけないという論調が日本だけでなく世界的に広がっている。それがすごく危ういし、植松被告もそういう論調の中から出てきたと思っています。人工透析問題にしても、財政難を憂えるお医者さんの中からは賛同する声もあると聞きます。

**渡辺**　福生病院の件は、まさに相模原事件と同じ問題ですよね。

**雨宮**　だからこの事件を、植松というおかしな人がいました、死刑になりました、で終わらせてしまってはいけない。相模原事件では、安心して施設に入れないと言われたけれど、今後、安心して医療にもかかれないことになりかねない。

――植松被告は２０１６年２月に衆院議長公邸に自分の考えを書いた手紙を届けるのですが、あれはもともと安倍首相に訴えようとして、警備が厳重なので議長公邸に持っていった。トランプに心酔していた植松被告は、日本の安倍首相ならわかってくれるのではないかと考えた可能性がありますよね。

**渡辺**　だって安倍首相は事件の後も、どんなに重い障害があっても人間として平等であり、犯人の考え方は絶対に許さない、とは言わないわけでしょう。

**西角**　普通は事件現場に赴いて言ってよいはずですよね。

**雨宮**　今の日本はまさに植松被告のような人を産み出す社会だということは、間違いないと思います。

（初出：『創』2020年5・6月号）

# 17 精神医学の観点から見た裁判での議論

松本俊彦
［精神科医］

相模原事件の死刑判決が出された後、いろいろな論者がコメントを発したが、月刊『創』に寄せられた精神科医の松本俊彦さんの見解をここに掲載する。松本医師は事件後の2016年に厚労省が立ち上げた「相模原市の障害者支援施設における事件の検証および再発防止検討チーム」のメンバーでもあり、薬物依存についての専門家でもあるために、この事件についてはたびたび意見を表明してきた。精神科医の香山リカさんとの対談は『開けられたパンドラの箱』にも収録されている。今回の裁判における精神鑑定と刑事責任能力の問題についても、松本医師の見解は極めて貴重なものと思う。

（編集部）

## 精神医学的に見た2つの論点

植松被告の裁判では、大麻精神病（弁護側鑑定人）vs人格障害（検察側鑑定人）が議論の焦点となっているが、刑事責任能力という結論だけにこだわるならば実りの乏しい議論になる気がする。というのも、どちらにしても責任能力の減免にはならないからだ。

たとえ精神病であると認められても、その原因が大麻という違法薬物の使用にある場合、過去の覚醒剤乱用者の事件を見ても、裁判所は、違法薬物の使用という原因について「自招性」「原因において自由な行為」という理屈で、薬物使用によらない精神病（例えば統合失調症）の場合とは異なる、責任能力を減免しない厳しい判決を下す傾向がある。その意味では、大麻精神病であれ、人格障害であれ、判決に違いはないだろう。

しかし、純粋に精神医学的に見ると、議論する意義はある。

議論を整理すると、2つの論点に分解できる。1つは、「精神病なのか人格障害なのか」という論点、そしてもう1つは、「もしも精神病であるならば、原因は大麻なのか」という論点だ。

最初の論点についていえば、「精神病なのか人格障害なのか」という議論は司法精神医学の古典的命題、「疾病過程か、性格の発展か」そのものだ。たとえば、犯行の原因となった差別的な思想は、以前から抱いていた障害者に対する信念と連続しており、その強度の「量」的な違いこそあれ、「質」的には連続している……もしもそのように捉えれば、人格障害＝性格の発展にすぎない、という起訴前鑑定の意見は妥当といえる。

一方、公判鑑定の意見を、私なりに要約すれば、「そうはいっても、犯行の1年前からその信念は極端に過激化しており、小精神病性挿話（micro-psychotic episode）も伴うなど、単なる『量』的な違いだけでは説明できない要素が多々認められる。周囲の友人たちも『事件の1年前から彼は変わった』と証言している。これは何らかの疾病過程（＝精神病）の発症とみるべき」というものだ。

いずれの見解もそれなりの説得力がある。ただ、犯行時の精神状態を精神病とするならば、以下の点について再度吟味する必要がある。すなわち、もしも植松被告が精神病状態で犯行におよんだとするならば、治療を受けていない拘留期間中にも、精神病が持続している可能性が高い。拘置所で植松被告と接見したジャーナリストたちの目に彼が精神病と映ったのかどうか？

もちろん、未治療であっても精神病が自然に寛解《かんかい》することはあり得る。だが、その場合には、植松被告は、我に返って、「あの時にはどうかしていた。自分は変であった」という洞察力を回復しているはずだが、実際はどうであったか？

このような点はまだ十分に議論されていないように思う。

次に2つ目の論点、大麻と精神病との関係についてだ。大麻使用によって引き起こされる精神病は、精神科臨床では非常に稀《まれ》である。私が所属する薬物依存研究部（国立精神・神経医療研究センター精神保健研究所）では、経年的に全国の地域住民を対象とした薬物使用経験率の調査、ならびに全国の精神科病院で治療を受ける薬物関連精神障害に関する調査を実施している。それらの調査からわかるのは、一般地域住民の間では、大麻は最も広く使用されている違法薬物だが、精神科病院で治療を受けている薬物関連精神障害患者のなかでは、大麻関連精神障害患者は非常に少ない。このことは、大麻が比較的精神障害を起こしにくい薬物である可能性を示唆している。

最近、我々が全国9箇所の薬物依存症専門病院で実施した71例の大麻関連精神障害患者調査（国内最大のサンプル数だ）では、大麻による精神病の発症は、大麻の使用期間や使用頻度、あるいは、使用した大麻製品のＴＨＣ（Δ9―テトラヒドロカンナビノール：大麻の向精神作用の責任成分）濃度にも関係がないことがわかっている。現時点での結論は、大麻使用による精神病の発症には、何らかの未知の体質的要因が関係しているのかもしれない、といったものだ。

公判で意見を述べた精神科医は、大麻精神病について、犯行時の被告の状態を「動因逸脱症候群」と命名していたが、この用語は初耳であった。大麻使用の後遺症としては「動因喪失症候群」がよく知られているが、「逸脱」というのは初めて聞く言葉であった。

断言しておきたいが、少なくともわが国の精神科医のなかには、大麻精神病について自信をもって語れる者はいない。というのも、私が知り得た限りでは、国内で論文として刊行されている大麻精神病の研究論文は5つしかなく、しかも、そのすべてが少数例の症例報告だ（最大が6症例の報告1つ、3症例の報告が1つ、2症例が1つ、あとはすべて1症例）。これだけの知見では、エビデンスというにはほど遠い。

そうはいっても、現実問題として、臨床現場において、精神病状態を呈する大麻常習者と遭遇することはある。ただ、少なくとも私の経験では、そうした患者の多くが、大麻使用以前から別の精神障害に罹患していたり、精神障害の家族歴があり、遺伝的な要因の影響が無視できなかったりする者だった。実際、海外では、大麻精神病について、大麻使用が精神病の直接的な原因なのか、それとも、潜在する精神障害を顕在化させる誘因にすぎないのかについては、いまだに議論の決着がついていない。

いずれにしても、知り得た情報の限りでは、私自身は、犯行当時の彼の精神状態を精神病とする見解に違和感を覚えるし、まして、その精神病の原因として大麻をあげる見解には賛同できない。

## 死刑判決だけで終わらせてはならない

それでは、植松被告の精神医学的な評価はいかなるものなのか。

様々な情報、とりわけ『創』誌に連載されてきた篠田編集長の記事を読む限り、被告の人物像として浮かび上がってくるのは、「邪悪なサイコパス」ではない。それどころか、家族と和やかに食事をとり、テニスに興じるなど、年齢の割に家族との距離の近い点に幼ささえ感じる。あえていえば、「おっちょこちょい、お調子者の早とちり」といったイメージだ。

何よりも人格に深みがない。少なくとも障害者のありように関して真摯《しんし》に考えてきたとは到底思えないのだ。たまたま知った「気になる言葉」を拾い集め、自分流に解釈し、つなぎ合わせただけ。彼の信念や主張にはそういう子どもじみたところがある。

しかしそれでも、相手にしてくれる人はいただろう。少なくとも、「多くの人が内心ではそう感じてはいるものの、体面をはばかって普通は口にしないことを言ってくれた」という率直さを評価され、「まあ、根は悪い奴じゃないからさ、変なこと言っても許してよ」くらいには弁護してもらえただろう。

ここで思い出すのは、作家の雨宮処凛さんがどこかに書いていた、「彼はみんなを笑わせていたのではなく、みんなから笑われていたのではないか」という発言だ。この言葉を読んだ時、私は、「そうそう、まさにそんな感じ」と思わず膝を打った記憶がある。

もしかすると周囲の人たちは、彼の極論的な考えを否定し、「バッカじゃない」と笑い飛ばしつつも、その率直さにある種の憎めなさを感じたのかもしれない。そして事件とは関係ない、一般の臨床場面で遭遇すれば、「なんか発達の偏りがありそうだ」と捉える専門家だっていたかもしれない。そして、そういう人たちがしばしばそうであるように、当の本人は、自分の考えを面白い冗談として笑い飛ばす周囲の反応に不満を抱き、内心、「なぜみんなわかってくれないんだ」と、孤独を感じていたのではなかろうか?

ここから先は私の空想だ。彼は、そのおっちょこちょいな早とちり的な信念を自慢げに話すのだが、なぜか周囲は笑い飛ばし、あるいは否定し、まともに受け止めてくれない。そのたびに彼はムキになって抗弁し、ますます頑なに自分の考えに固執する。それはそれで孤独な状況だったのかもしれない。

くりかえすが、これは完全な私の空想だ。なにしろ、私はナマの植松被告に会ったことはないし、当然、診察をしたわけでもない。

しかし、もしも私の空想に多少とも当たっている部分があったならば、やはりこの事件、「死刑判決」だけで終わってはならないと思うのだ。というのも、彼の信念の大半は、彼の内部から自発的に出てきた言葉ではなく、あらかじめ社会に漂っていたものを拾い集めて作られたものだからだ。

そうだとするならば、我々は、あの事件を自分の問題として考え続けなければならないだろう。

## 18 これが最後になるかもしれない獄中手記

植松 聖

以下に掲載するのは、相模原事件の植松聖死刑囚が、２０２０年2~3月に横浜拘置支所で書いた手記だ。初公判後に右手小指を噛みちぎったため、一時は執筆は難しいと思われたが、徐々に回復し、何とか書き上げた。

彼の事件に至る思想全体は、社会的に許されるものではないし、発言自体が差別的だということもあるが、事件当事者のひとつの記録として掲載することにした。前後の文脈上、意味がわかりにくい部分もあるが、基本的に原文通り掲載した。『闇金ウシジマくん』についての部分も、わかりにくいのだが、植松死刑囚は控訴取り下げにあたって、この一文が掲載されると聞いて「もう思い残すことはない」とまで面会室で語っていた。本人にとってはよほど大事なことであるらしい。（編集部）

### 裁判はとても厳粛だった

裁判はとても厳粛で被告人質問は心臓の音が聞こえました。考えを伝えられたのは弁護士先生の整理されたご質問のおかげです。記者方や教授、博識な皆様から学んだ経験を生かすことが出来ました。

言葉だけでは納得が行かず「皆様に深く御詫び致します」と謝罪し小指の第2、第1関節を噛みました。「ちぎれない」とは言えないので掴《つか》んでへし折ろうと考えましたが、それは引く所もあり、明日起きたら噛み切ろうと決めて就寝しました。

目を醒《さ》ますと晴れた朝やけで「きれいだなー」と思い噛みました。爪は剥《は》がれましたが職員方が駆けつけ、保護房に入れられました。9時まで両手を後ろで拘束され、朝食を食べると「二度とやらないよう」注意を受け、お医者さんが来るのを待ちました。噛んでいるときはよく判りませんが、落ち着くと痛みが激しくなりました。

少したつと独房の外に人が集まる気配がしたので「いらねぇんだよこんなものッ」と心で叫ぶと噛み切れました。4週たっても骨は飛び出して外国の芋虫に見えますが、6週目にかさぶたと一緒に骨も取れ「慌てるとろくなことがない」とお医者さんは笑いました。

左手は14日、右手は56日間ミトンで拘束され、1月20日から裁判のときは外されました。僭越《せんえつ》ながらこの日、30歳になり、「今日は絶対ミトンを付けない」と決めていましたが、抵抗しても16人位に押さえられ、ミトンをしてバスに乗せられました。「ミトンをするなら裁判は出ません」と伝え、なんとか外して頂きました。

長い拘置所生活でしたが、書きやすいボールペンや豊富な色鉛筆を買えるようになり、時間外の運動や本の所有制限を見逃して頂きました。ご面倒をおかけし大変なお世話になり、深く感謝申し上げます。

1月31日から自傷行為で30日間懲罰を受けて体調を崩しました。真冬に毛布無しで座らされ面会は出来ません。部屋の中でも外みたいなので、3日目に毛布は黙認頂きました。

聡明で面白い方、綺麗《きれい》で誠実な方と会えないのは残念でなりません。嫌われた人もいますが「医療脱毛をした方が良い」「旦那さんのおこづかい制はおかしい」「京都や福岡、北海道に逃げた方が良い」と他人に干渉し過ぎました。私は「生意気で傲慢《ごうまん》」ですし、みんな誰かに嫌われています。

## 優しい女性を散々な目にあわせ申し訳なく思う

交際相手にお金は返しました。優しい女性を散々な目にあわせ申し訳なく思います。大阪旅行は「おおきに」という響きが素敵でした。日常会話なら、短い方が使いやすいと思うのです。テレビも面白く、通行人に写真を頼むと笑いも頂きました。「大阪の笑い」は学ぶ必要がありそうです。

人けの無い山を散歩すると小鳥が大騒ぎするのでバッ‼と上を向くと「ピタ…」と静まり、隠れん坊をして遊びました。悔しかったのか「こっちだよー」と誘って来るのです。被告人は「幻聴が聞こえる」と弁護されましたが、これは「超能力」だと思います。悪口だけでなく「やるな、うま、なるほど」という称賛も聞こえているからです。精神が研《と》ぎ澄まされたかもしれません。日本は年間8万人が行方不明になるので仕事なら、人を殺すのは難しくないようです。

「カイロパック」

ムクミ（脂肪）は鼻や頬、首にカイロを3つ当て温め、手の指や平で（肌を傷つけないよう優しく）リンパを流せば解消されました。宜《よろ》しければ大切な日にお試しください。

「塩洗い」

シワやたるみは大さじ1杯の塩で洗うと引き締まります。すぐに洗い流さず、肌に浸透させてください。大富豪の健康法は「海に浸《つ》かる」ことらしく、塩には高い再生効果があります。

「花粉症対策」

カカオは「スーパーフード」と呼ばれており、ブラックチョコレートやココアで症状も軽くなります。食べ過ぎや歯磨きにご注意ください。シャワーで鼻の中を洗うのも大切です。

前から「ＵＦＯを観た」と話していますが、昔の言葉なら「火の鳥」だと思います。イルミナティカードには「タイムコントロール」という教えがあり、もしかすると現代は「時を操られた世界線」かもしれません。大人になるまで神様（Ｇｏｄ）を信じませんでした。神がいるなら、不幸が沢山あるのはおかしいと思いましたが、神が人を幸せにする義務はありませんでした。神は私を観ているのではなく、全てを観ている（オール・シーイング・アイ）と考えています。

フリーメイソンになるには、神を信じなければなりません。つまり、偉い方は神を信じているのです。友達に話すと怪しまれ考えなくなりましたが、ＵＦＯがいるなら常識が覆《くつがえ》ります。幽霊は、恐怖が作り出した脳の錯覚と説明出来ます。自分で観るまで信じられないのも判りますが、ＵＦＯを観た人は全員が間抜けや嘘つきではないと思います。

「おはようございます。今日も一日宜しくお願いします」

「今日も一日有難うございました。お休みなさい」

毎日挨拶するのも非論理的かと思いますが、柔らかく考えなくては飛行機やテレビは創れないでしょう。「時間」と「重力」は深く関係し、高い山では時間の流れが確かに違うようです。上空でオレンジに輝き「ヒュヒュン！」と消えたＵＦＯは多分「反重力」で動きますが、この話は終わりにします。

「クレムナ予言」

《東洋に賢者が現れる。彼の智恵は海を超え、国境を超えて世界に広がる。しかし、人は虚偽《きょぎ》と断言し、長い間信じることはない。人間の魂は悪魔よりもっと悪いものにのっとられるのだ。自分たちの信じる虚構の幻想こそが真実だと思い込むのである》（『ムー』№４４５）

## 事件前日、最後に食事をした女性のこと

調書朗読は、最後に食事をした女性が目立ちました。「一緒に食事するの怖い」「やったら切腹する」など友人とやり取りがあり、ご迷惑をおかけし深く反省しました。

弁明すると１人で泊まりに来たこともあり、バーベキューでは酔い潰れた私に抱き付いていました。

良い男は全て手に入ると思いますが、想いやりがなければ良い男とはいえません。

文章や絵は、美しい記者に見られて恥ずかしくないものを目指しました。死刑を求刑されたとき、ふと傍聴席を見ると、美人が一斉に慰めの瞳をくれました。美しければ自然と心が優しくなるのです。死刑を宣告されるより、好きな人に嫌われる方が辛いと思います。だから人は「尊厳死」を選ぶのではないでしょうか。

寝たきりで人に優しく出来るでしょうか。支えて貰うときこそ「自死」を選択しなければ筋が通らないと思います。人間は「障害者」とも言えますが「障害児（子供）」ではありません。拘置所に居ると判りますが、働けない方はどうしようもないのです。意見をさせていただくと「道徳の理解」「時間や数字」「左右大小」が明確なら、仕事は出来ると思いました。

「障害者手当でパチンコをする人もいますね？」

「認知症や事故で喋れない人は心失者ですか？」

検察官や弁護団のご質問は言い分を聞くように作られており、裁判員も2人辞任し、私は感動しました。

求刑で急に話が通じなくなったのは、障害児が人権を持つ前提で進めたからです。裁判は法律通り仕事をしただけのことで「思考が法律に縛られていない」のは、私の短所であり長所と思います。例えば、油田の火事はニトロで吹き飛ばすそうですが、放射能が漏れた原発は、核で消し飛ばしてはどうでしょう。

話は少し逸《そ》れますが、名作を見つけました。

『死ぬことと見つけたり』壮絶な時代小説を是非ご覧下さい。
『闇の子供たち』難民の子どもが売買され、あまりにおぞましい内容で絶望しました。日本の豊かさは誰かを踏み台にしており、それが認知症や障害児を生むなら、絶対におかしいと思います。

「女性を階段から突き落とした障害児の男を殴った」と話すと、「障害児の女性を殴った」と報道されました。嘘を言い廻る教授もいますが、それは自身の非を認めたと言えます。私が間違っているなら、嘘をつく必要はないのです。45人殺傷し、被害者の意見陳述は（母、姉含む）12件でした。長年育てた母親を想うといたたまれなくなりますが、心では理解を頂いたと思いました。人はよく感情に流されますが、心とは「他人への思いやり」ではないでしょうか。

文句はあるでしょうが「重度障害児にしたい」という発想は許容しかねます。「平気で嘘をつき「話が噛み合わず」「突然泣いて」「大声で机を叩く」のは、お金と時間を奪っている「客観的思考」を放棄したからです。

必要なことだけ追求すれば的確な決断を下せます。現実を認識し、それに基づかなくてはなりません。権利を主張する国民は義務（納税と学習）を果たしているでしょうか。自分の立場を繰り返せば、「信念」や「一貫性」があると勘違いしているのです。安心して暮らせる社会とは、施設に入れられる生活なのでしょうか。次回は大麻を吸ってから話し合いましょう。
《正義という電球が脳の中に輝いてしまった人間は、極端に殉教者になるか加害者にならざるをえない。邪義を斃《たお》さないかぎりは、自己の正義が成立しようもないからである。価値基準とは、生涯を通じて正しいと思うことは貫き通す、つまり他人よりも前に自分が自分を評価できるかではあるまいか》

私はこう見えて人間が好きなんです。だからこそ、障害児は人間に見えないのかもしれません。障害児が産まれた絶望に慣れても、精神的な抑圧から人格を損ない、こんどは自分がためらいなく行使しようと考えます。生きがい（マリファナ）を得て死を考えれば、施設がなくなると思いました。社会全体を見れば、冷酷で残虐な事件とは思えません。恐縮ですが、参考にしました『夜と霧』をご一読願います。

「夜と霧」V・E・フランクル

《アウシュビッツの第一夜、わたしは三段「ベッド」で寝た。一段（縦が二メートル、幅が二・五メートルほど）のむき出しの板敷きに九人が横になった。毛布は一段、つまり九人につき二枚だった。もっとも、言うまでもなく、わたしたちは横向きにびっしりと体を押しつけあって寝なければならなかった。もっとも、外は冷え込み、居住棟には暖房などなかったのだから、これは都合がよかった。この「仕切り」に靴は持ち込み禁止だったが、禁を犯してでも枕にする者たちもいた。糞《くそ》にまみれてもおかまいなしだ。そうでもしないと脱臼《だっきゅう》しそうなほど腕を伸ばして頭を乗せるしかなかった。こんなありさまでも、眠りは意識を奪い、状況の苦しさを忘れさせた。》

《人間はなにごとにも慣れる存在だ、と定義したドストエフスキーがいかに正しかったかを思わずにはいられない。それはほんとうか、ほんとうならどこまで可能か、と訊《き》かれたら、わたしは、ほんとうだ、どこまでも可能だ、と答えるだろう。だが、どのように、とは問わないで欲しい……。》

《ある仲間とわたしは、ついこのあいだ解放された収容所に向けて田舎道を歩いていた。わたしたちの前に、芽を出したばかりの麦畑が広がった。わたしは思わず畑をよけた。ところが、仲間はわたしの腕をつかむと、いっしょに畑をつっきって行ったのだ。わたしは口ごもりながら、若芽を踏むのはよくないのでは、というようなことを言った。すると、仲間はかっとなった。その目には怒りが燃えていた。仲間はわたしをどなりつけた。

「なんだって？　おれたちがこうむった損害はどうってことないのか？　おれは女房と子どもをガス室で殺されたんだぞ。そのほかのことには目をつぶってもだ。なのに、ほんのちょっと麦を踏むのをいけないだなんて……」》

## 『闇金ウシジマくん』最終話が示すもの

『闇金ウシジマくん』をご説明します。最終話「ビッチビッチ」後方に607か907、きのこ雲の落描きがあります。電波兵器ハープは気象を操作できるようで「私が見た未来」は3・11を予言しました。首都直下地震は「人類史上最悪の災害」と呼ばれ、焼死者だけで57万人と予測されます。「Combined Disaster（複合災害）」を起点に核攻撃されると考えました。「悪魔の数字666」は2020〈令和2年〉6月6日かもしれません。

『アキラ』はじまり（東京オリンピック）講談社
『ジョジョ』真ん中（9・11）集英社
『ウシジマ』おわり（核攻撃）小学館
ジョン・タイターは未来人としてイラク戦争や狂牛病、CERNの陽子ビーム加速実験を的中させました。関東が立ち入り禁止になると予言しており、渋谷は岡本太郎、八王子は放射線通りという地名があります。あまりにつらい出来事は心の奥底で「そんなわけない」と否定されますが、恐慌とは悪いことばかりでなく、新しいシステムに代わるきっかけになります。

Q：どの都市が核攻撃されるか教えて下さい。

いいえ、それはできません。ただ言えるのは、その瞬間は都市にいることが危険だと、誰の目にも明らかになってからです。何百万もの人々が、危険を承知で都市に留まるのです。これは意外な現象でした。

「役に立ちたい」を厚かましく言うと「救いたい」になります。自分を信じて行動してください。私はあなたを愛しています。お元気で！

植松聖

篠田先生には何度御礼を述べても足りませんし、誰も関わりたくない問題にお付き合い願い大変申し訳ございません。このご恩は決して忘れません。今までご指導頂きまして誠に有難うございました。お身体を何卒ご自愛願います。

# 19 幼なじみの友人が語った「さと君」と家族

友人X

ここに紹介するのは、植松聖死刑囚の幼なじみへのインタビューだ。植松死刑囚と家族ぐるみのつきあいがあった。

仮にX氏とするが、3月に死刑判決が出された後、電話がかかってきた。死刑判決が確定すると面会もできなくなることを知って、その前に面会するにはどうしたらよいか相談してきたのだった。植松死刑囚の親に連絡するか、私に連絡するか迷った末に、私に連絡してきたという。

もうその頃は、判決直後で植松死刑囚のところには連日、マスコミが接見取材を申し入れており、1日1組3人までという接見の枠は全部埋まっていた。しかし、そのX氏の話を聞いて、マスコミに会うよりも親しかった友人に会って今生《こんじょう》の別れをすることのほうがずっと大事だと思った。そこで植松死刑囚と相談し、既に入っていた報道陣の接見予約を動かしていった。結局、3月26日、27日の両日の予約を変更して、友人たち4人に接見してもらった。

ここに紹介するのは、そうしたことを進めている過程で、喫茶店で会って聞いたX氏の話だ。ノンフィクションライターの渡辺一史さんも同席して質問した。（篠田博之）

## 事件当時は報道陣が押しかけた

——相模原事件直後は、マスコミ取材にある程度応じたのですか。当時は友人で発言した人は結構いましたよね。

●さと君の自宅とは家が近かったんですが、家の前まで報道陣が押しかけました。飲みに行ってる店まで来ましたからね。僕は当時、相模原駅前のクラブでＤＪやっていたんですが、そこまでマスコミが来ました。話さないと帰らないので仕方なくある程度応じました。

——事件当日はどんな状況でした？

●朝からヘリコプターの音とかものすごくて、それで目をさましました。起きたら、父親が「ヘリコプターがすごい」などと言っていて、フェイスブックを見たら、やまゆり園の画像が上がってて。なんだろうということになりました。

——テレビはつけて見た？

●たぶん、父親がつけたと思います。やまゆり園で事件があったと報じていました。

——それで「さと君」を思い浮かべた？

●すぐに思い浮かべました。というより、絶対だって思いましたね。ホントにやったんだって。

でも、その時はまだ殺傷事件があったらしいとしか聞いてなかったから、後でそんなに大人数を刺したと聞いて驚きました。普通の人がそんなに大量に人を殺せるなんて思わなかったので。

確かにさと君はおかしかったかもしれないけど、昔からの友人だったし、まさかそんなことを本当にやるとは思いませんでした。

――事件の前は、地元で仲の良い友人がよく一緒に遊んだりしていたんですね。

●僕は20歳頃からDJやってて、イベントの企画などもしていたので、そこにさと君とか友人がよく遊びに来てくれていたんです。当時は相模原駅前にクラブがほかにもありました。町田にもあって、さと君たちはそこにも行ってたんじゃないですか？　大学の友達とは渋谷のクラブに行ってましたね。

――X君は「さと君」とは幼稚園から一緒だった？

●そうですね。もう一人幼稚園から一緒だった友人がいますが、3人は中学まで一緒でした。

――「さと君」とは幼稚園の時から遊んだりしていたの？

●幼稚園の前から知ってます。幼稚園の頃はもう普通に遊びに行ってました。さと君といつから知り合っていたかは、もう覚えてないくらいだから。たぶん、物心ついてない頃からじゃないですか。

――家族どうしのつきあいってこと？

●そうです。さと君の家とは、近道使えば、5分くらいで行ける距離でしたから。

## 「さと君」と親は仲が良かった

――「さと君」と親との関係はどんな感じでした？

●仲良かったと思いますよ、普通に。僕が見る限りでは。特にお母さんとですけどね。

――よく言われるのは、「さと君」がああいう事件を起こすに至ったのは、やっぱり家族の問題があって、親と幼少期から問題を抱えていたんじゃないかとか……

●いや、それはないな。そこは結構、自信を持って言えます。さと君んちには小っちゃい頃から、しょっちゅう行ってましたし、まあ、親にもいろんなとこに遊びに連れてってもらってたし、昼ごはんもさと君の家に食べに行ったり、泊まりに行ったりとかしましたからね。

――「さと君」が最初、教師をめざしたのも父親の影響と言われるんだけども…

●それは、どうなんですかね。教師、なんでめざしたのかはよくわかんないですね。まあ、影響はあったかもしれない。

――父親は教育者ですごく厳しいとか、教育熱心とかだった？

●まあ、印象としてはまじめそうっていうのはありました。

――「さと君」は親にすごい反発するとか、そういうことは。

●なかったですね。普通の子どもの反抗期と比べたら、少なかったんじゃないかな。

――お母さんは漫画家ですよね。お母さんが描いた漫画は読んでました？

●いや、読んだことないです。ただ、週刊誌っていうか、漫画雑誌に載ってましたね。

でも、たぶん描いてたのって昔ですよね。俺が小学校の頃とか、小1とか、小っちゃい頃のイメージですから。

――それ以外は専業主婦だったんですかね。

●専業主婦でしたね。ただ近くの会社でなんかデザイン的な、クリエイティブな感じの仕事はしてました。パートなのか、委託なのかわからないですけど。

――「さと君」は絵がうまいけれど、親の才能を受け継いでるのかな。

●才能は受けてますよね。お父さんも図工の先生だったから。なんか、そういうのは昔からうまかったですね。器用ではあったかな。子どもの頃、レゴってのがあったじゃないですか。あれなんか確かにうまかった気がする。お父さんがやったのかわかんないですけど、そういうのは昔からあった。

――植松家はやまゆり園の近くにあったけれど、そのうち両親が八王子に移って別々に生活するようになるじゃないですか。どうして別居するようになったのか、いろいろ言われてますよね。

●それは普通に、家族の引っ越しだったはずですよ。マスコミの記事とかで、親が「さと君を見捨てた」的に書いてたけど、話をかなり盛ってますよね。特別な事情はなくて、普通の引っ越しですよ。

父親の学校が近いところへ引っ越すということになって、さと君も行くか行かないかみたいな感じだったけど、さと君は地元の友だちと遊べなくなるのが嫌だからってことで、一人暮らしをするという選択をしただけじゃないですか。

さと君は地元で就職していたから、仕事が遠くなるし、一緒に引っ越すことにメリットがなかった。そういう感じでしたよ。

――近所の野良猫にお母さんが餌《えさ》をやっていて、近所とトラブルになって、地元に居づらくなって引っ越したという話もありましたが。

●猫に餌はやってましたが、引っ越した理由としてそれがメインではないんじゃないですか。普通に、子どもが大きくなって、手がかからなくなって、あの家も20何年住んでたわけだから、まあ、引っ越すのも自然といえば自然じゃないですかね。

## 措置入院の後、「さと君」の母親から電話

――「さと君」が事件の1年くらい前から変わっていったという話は法廷でもいろいろな人の証言が紹介されたけれど、君のと思われる調書も朗読されていて、例えばやまゆり園に就職した頃のことはこう書かれていました。

《さと君は転職した当初は障害者に対して差別的な発言をすることはなく、職場で接する障害者について、「暴れたりしたら止めるの大変なんだよ」などと軽く愚痴を言うことはあっても、「でも、慣れるとかわいいんだ」などと言って、楽しんで仕事をしているようでした》

《その後、さと君は働き初めて2年目頃には、「障害者はかわいそう、食べているご飯もひどくて、人間として扱われていない」などと言うようになりました》

●うーん、警察に事情を聞かれてそういう話はしたかもしれない。

――続けて《ただこの時点では、私は誰でも多少は仕事の悩みがあって当然なので、さと君の発言もその程度のものだと思っており、さと君のことを心配することもなく、「へえ、そうなんだ」と適当に相づちを打って流して聞いていました》

●いや、適当ではないですけどね。俺の言ったことを悪く書いてますね、言い方を。
――調書というのは警察の作文だから。話を聞きながら、自分のストーリーに沿ってまとめていく。

《平成27年（2015年）頃、地元の友達からさと君がイルミナティカードというのに興味を持っているらしいと噂を聞くことがありましたが、私自身はそのようなカードに興味はなかったため、聞き流しました》
●それは、確かに聞き流しましたね（笑）。
――《ところが平成28年2月上旬頃のある日、突然さと君から携帯電話に電話がかかってきて、いつもと違うまじめな口調で、誰にも言えない相談があると言ってきました。それで私は「どうしたのか」と聞くと、さと君は「世界に重複障害者が○人、年間○円くらいの税金がかけられている」と》
《私はあまりに突然の話で、どう反応していいかわからず、とりあえずそのまま聞いていると、続けてさと君は「俺は障害者施設で働いているから、施設に入る重複障害者を殺せる環境にある。政府の代わりに俺がやる」と》
《それで私は、さと君に対し、「障害者が死んでも税金は大して余らないし、税金を節約するために障害者を殺す必要はないんじゃない。県が障害者施設を運営するのをやめれば民間業者が商売を始めるだろう。障害者は殺さなくてもいいんじゃないの」と反論すると…》
●確かにそう言いましたね。県が施設をやめても、民間業者がやるっていう話を、さと君にしました。
――なるほど。公判で朗読された供述調書には、続けてこう書かれています。

《2回目の電話の数日後、私は地元の友達の誰かから「さと君が仕事を辞めて、警察に連れていかれたらしい」という噂を聞きました。また、その当日か翌日だったかどうかはわかりませんが、さと君のお母さんからも、さと君が精神科の病院に入院することになったことを聞きました。》

《さと君のお母さんはさと君が大麻を使っていたことを病院の先生から教えられたと説明し、私に対して退院後はさと君が薬物をやめられるように見守ってほしいと頼んできました》

●まあ、そうですね。

――《私から見てもさと君のお母さんはさと君を心配して疲れ果てた様子だったので、私はお母さんの頼みを引き受けて地元の友達で支えてあげようと思いました》

●ああ、ちょっと違うけど。

――例えば、どういうところが？

●大麻を吸っているから、やめられるように支えてあげるとか、別にそういうことは思ってないです。

――でも、お母さんから相談は受けた？

●お母さんからは受けて、で、確か今後も遊んであげてね、というようなニュアンスだったと思うんですよ。だから、それは普通に、遊びますよって答えたと思う。

――「さと君」たちが大麻をやっているのを親は知らなかったわけだ。

●措置入院させられるまでは、そういうのをやってるとは知らなかったかもしれない。

――彼は刺青を入れたりしていたけど、親は必ずしも全部知ってるわけじゃないわけか？

●刺青くらいは知ってたんじゃないですか？　洋服を脱げばわかることですし。

## 小学校時代に書いた障害者についての作文

――小学校と中学校の時、同じ学年に障害のある子がいたでしょう。それとひとつ下の学年にもいた。

●いました。でも下の学年の子は、そんな障害者という感じじゃなかったし、さと君が事件に絡めて言ってる障害者とは違うと思いますけど。会話もできる感じだし、喧嘩とかもするような子でした。転校生でしたが、自己紹介も、自分でマイク持って普通にやってましたから。で、その時に「趣味は喧嘩です」とか、そういうワケのわかんないこと言っちゃうような子でしたね。

――で、その子が女の子を階段から突き飛ばして、歯を折ってしまって、「さと君」が怒って、その子の腹にパンチしたと。

●ああ、そんなのがあったかも。中学校の時でしたっけ？

――どこかのマスコミが、障害者を殴ったと、中学時代から障害者に差別的だったという文脈で書いていたらしくて、「さと君」がひどく怒っていた。

一方、同じ学年にいた障害のある子は、自閉症だったわけだね。

●ああ、あれを自閉症っていうんだ。普通の会話ができない感じでした。

小学校は25人から30人くらいの1クラスでしたが、中学校は50人か60人で2クラスありました。だから小学校の時は、その子も授業は一緒にいたんじゃないかな。普段の授業は別だったかもしれないけれど、図工とか家庭科とかは一緒でした。
――その子に「さと君」が差別的なことを言ったりとかは全くなかった？
●うん、なかった。
――でも彼にとっては、やまゆり園以前に障害者と接した原体験だったようで、その子を送り迎えしていた母親の疲れた表情というのを、よく口にしている。
●確かに疲れてました。
――「さと君」は、やまゆり園に短期入所していた障害者の親についても、母親の疲れた表情といった話をしていて、障害者のイメージを語る時に、なぜか障害児の母親の表情なんですね。
●ああ、確かに。
――今回の裁判で、それと別に、小学校低学年の時に、障害者について差別的な作文を書いてたという話が出てきて、どうも本人が警察の取り調べで話したらしい。
●あ、それ先生に怒られたヤツだっけ？　なんか、あった気がする。なんだっけ。なんか、スゲーこと書いてた記憶がある。爆弾の話でしたっけ？　障害者に爆弾をつけて敵陣に突っ込ませると。それ、さと君が書いたんでしたっけ？
――って本人は言ってるんですよ。
●ああ、ありましたね。思い出した。それ、めっちゃ怒られてた。
――「さと君」がそう書いたのに対して、友達が、敵陣に突っ込むのではなく味方の方に向かってきたらどうするんだって言ったという話。でも「さと君」は、先生に叱られたという話でなく、いつも作文にコメントを書いてくれる先生が、その時だけコメントがなかった、という供述をしたらしい。
●でも先生が叱って書き直しになった記憶がありますね。M先生だったと思うなあ、たぶん。叱らなかったら逆に教師として問題でしょう。その作文、俺も知ってるから、みんなで作文書いてたのかな。
でも普通、作文書けって言われて、そんなの書かないじゃないですか。自由に書いていいと言われて、さと君はみんなを面白がせようと思って書いたのでしょうか。

M先生ということは、担任の先生は1年ごとに違ったんで、小2の時ということになりますね。まだ差別だとか不謹慎だとかわからなかった時期かもしれない。

——障害者に対する差別的感情がその頃からあったという記憶はない？
●ないですね。その障害のある子とも、遠足とかも一緒だったんで、普通に接触してましたよ。
——お母さんは送り迎えだけで、授業にはいなかった？
●授業の時はいないです。先生はつきっきりですけどね。特別学級の先生が、常に横にいる感じですね。一人では動き回れないっていう感じ。走り回ったりして危ないと。
まあ、親は疲れてたと思います。顔が疲れたっていう印象は、俺もあるから。まあ、でも親は疲れるんじゃないですか。子どもが障害者じゃなかったとしても。

——小学校2年生の時にそういう作文を書いてたことは確かだけれど、それを事件に結びつけるのは違うかもしれない、と。

●それは違うと思いますよ。まあ、障害者との接点は、その友人と、やまゆり園でいっぱい見てたから、普通の人よりは見てたとは思いますけどね。
――やまゆり園に勤めてからも、最初は「かわいい」と言ってて、園の仕事も一生懸命やろうと思ってたようだけど、そういう話も聞いてました?
●聞いてますね。週に何回も会ってましたから。
――彼がああなってしまったのは、何が背中を押したんでしょうね。
●いやあ、全くわからないですね。何が背中押したかというのは。
――彼に死刑判決が出たことをどう思いました?
●まあ、死刑判決になるだろうとは思ってましたけど。
――あなたは今はもうDJやってないんですね。
●地元を離れましたからね。当時の地元の友人の多くが今は離れています。
――でも、やっぱり地元を大切にするっていうのはあるんですか?
●あるんじゃないですか。地元の友達っていうのが一番信用はできますね、実際。

（初出：『創』2020年7月号）

# 20 被害者・尾野一矢さんめぐる大きな取り組み

**尾野剛志**［やまゆり園家族会前会長］
**大坪寧樹**［NPO法人自立生活企画］
**渡辺一史**［ノンフィクションライター］

相模原事件後、神奈川県は、利用者家族の意向を踏まえて、津久井やまゆり園があった地に、事件前と同規模の大規模施設への建て替えを決定した。

ところが、この再建案に対し、障害者団体などから「大規模施設の再建は、『施設から地域へ』という流れに逆行する」との反対案が続出し、いったん県の再建計画は頓挫《とんざ》してしまう。その後、県は有識者らからなる会議などの提言も踏まえ、従来より規模を縮小した定員66名の施設を、津久井と横浜市内の2カ所に整備する方針を明らかにしたほか、利用者自身が「施設か地域か」を選択できる「意思決定支援」の試みもスタート。現在では、地域への移行を考える人たちも出始めている。

この座談会では、その一人である尾野一矢《かずや》さんの父親・尾野剛志さんと、一矢さんの地域移行を支援するNPO法人自立生活企画（東京都西東京市）の介助者・大坪寧樹さんから、その経過と今後の課題などをうかがった。一矢さんは、事件時に首や腹を刺され、瀕死の重傷を負ったものの、今は元気に回復し、剛志さん夫妻の住む神奈川県座間市内での「自立生活」への道を模索している。知的障害者による自立生活は、神奈川県内では初めての試みとして大きな注目を集めている。

座談会の進行役を務めるのは、『こんな夜更けにバナナかよ』の著者、渡辺一史さんだ。（編集部）

## 「地域か施設か」ではなく息子が幸せであれば

**渡辺**　一矢さんの自立生活への試みは、今後、知的障害者の生き方の選択肢を広げる意味でも、また、この事件を考える際の数少ない希望の一つでもあると思います。とはいえ、当初、尾野さんは、従来通りの大規模施設を再建してほしいというお考えだったんですよね。

**尾野**　そうなんです。

**渡辺**　それが180度変わったのはなぜなんですか。

**尾野**　事件から約1年経た2017年5月27日に「津久井やまゆり園を考え続ける対話集会」という会にゲストとして呼ばれて発言しました。その際、質疑応答になった時に、僕が矢面に立たされてがんがんつつかれたんです（笑）。

**渡辺**　大規模施設の再建に反対する人たちから、批判を受けたということですか。

**尾野**　そうそう。僕のところに質問が来て、「なぜ自分の息子さんを施設の中に閉じ込めておくんだ」とか「息子さんを解放してあげなさい」と言ってくる。とにかく大規模施設は必要ないの一点張りだったんですよ。

僕は別に大規模施設に固執してるわけじゃなくて、重度の知的障害の人たちを受け入れてくれるところがあれば、グループホームでもいい。一矢が幸せであるならそれでいいんです。でも、まわりに一矢を受け入れてくれるようなグループホームはない。あなたがたが批判すべきは僕じゃなくて、行政じゃないかと。そう言ってもわかってくれないんです。

でも、その時、僕と同じくゲストとして集会に参加されていた早稲田大学教授の岡部耕典先生が、僕に味方してくれてね。「私も地域移行は大切だと思うけど、尾野さんの考えはもっともだ」と。

**渡辺** 岡部さんは、福祉社会学・障害学の専門家であると同時に、一矢さんと同じく重度の知的障害と自閉症のある息子さんをお持ちですよね。同じ親として、尾野さんの気持ちを最も深く理解できる立場でもあったということですね。

**尾野** そうなんです。そして、ちょうどその頃、映画『道草』を撮影している最中でしたから、その岡部先生を通して、映画監督の宍戸大裕さんとも知り合うようになったんです。

## 知的障害者の自立生活とは？

映画『道草』（宍戸大裕監督）は、岡部耕典さんの息子・亮佑くんや、桑田くん、中田くんという3人の知的障害者の「自立生活」をありのままに映し出した話題のドキュメンタリー映画だ。

重度の知的障害と自閉症がありながらも、施設という「囲い」の中ではなく、東京都内のごく普通の住宅で介助者の支援を受けながら暮らす彼ら——。時に失敗を繰り返しながらも、生き生きと暮らすユーモラスな風景が共感を呼び、2019年に公開されるやいなや大きな注目を集めている。

**渡辺**　僕も映画『道草』を観て、ほとんど衝撃といっていいくらいの感動を覚えました。そして、映画のラストには尾野さんと一矢さんも登場しますよね。

**尾野**　宍戸さんと知り合ううちに、尾野さんの話もぜひ『道草』に入れたいということになったんです。

**渡辺**　尾野さんと一矢さんが登場することで、あの映画のテーマが相模原事件とまっすぐにつながった。それによって、よりいっそうの深みと広がりを感じさせる作品になったと思います。ところで、映画に登場する3人は、「重度訪問介護」という障害福祉サービスを利用して自立生活をしています。制度を知ったのも、その過程ですか？

**尾野**　宍戸さんが何回か取材に来ている間に一矢を見て、『道草』に登場する人たちと同じように、一矢さんも挑戦してみませんかと提案されたんです。僕は重度訪問介護なんていう制度を知らなかったから何それ？って聞いたんです。話を聞いたら目からウロコでした。

**渡辺**　重度訪問介護は、障害者の人たちが、長年の運動によって命がけで獲得してきた重要な福祉サービスです。

例えば、高齢者の介護保険制度では、30分とか1時間だけヘルパーさんが家に来て、入浴介護や家事援助を終えるとさっさと帰ってしまいますが、重度訪問介護は長時間滞在型のサービスで、1人の障害者に「見守り」も含めてずっと寄り添います。この制度があるからこそ、重度の障害者が地域で自立生活することが可能になったんですね。ところが、行政の側もこの制度を積極的にアピールせず、いまだに「障害者は施設へ」という認識が根強いです。

**尾野**　私もこの制度を知って、すぐ座間市役所へ行ったんです。そしたら、「座間には13の介護事業所がありますが、知的障害の人は利用していません、身体障害の人たちばかりです」ということで、「一矢さんは無理ですよ」と言われたんです。

**渡辺**　重度訪問介護は長時間のサービスなので報酬単価が安く、引き受けてくれる事業所もなかなかありません。利用者が少ないから、なおさら役所の担当者もよく知らなかったりする。

**尾野**　それで、宍戸さんに連絡すると、西東京市にある事業所に相談に行きましょうとなった。そうして訪れたのが「NPO自立生活企画」だったんです。2017年末から2018年に入った冬のことですが、代表の益留俊樹さんとコーディネーターの末永弘さん、そして大坪さんがいらっしゃった。

　その後、自立生活企画が一矢の自立生活への準備を含めて支援してくれることになりました。そして、2018年の8月15日に大坪さんが、初めてやまゆり園（仮移転先の横浜市港南区にある芹が谷園舎）に来てくれたんです。

## 「重度訪問介護」と「見守り」について

**渡辺**　私は、大坪さんの名前は以前からよく知っていました。大坪さんは、新田勲さんという日本を代表する障害者運動のリーダーを支える重要な介護者として、業界では有名な人でしたから（笑）。

その大坪さんが、自立生活企画に所属するようになり、また一矢さんの担当になったのはどういう経緯ですか?

**大坪**　自立生活企画に所属するのは2013年11月頃からです。それまでずっと関わっていた新田勲さんが、その年の1月に亡くなったのです。

新田さんは重度の脳性まひで、「全国公的介護保障要求者組合」という団体の委員長を務めていました。私は、新田さんが亡くなるまでの15年間、専従介護者という形で1対1の24時間体制の介護の関わりをしてきました。

新田さんは、障害が重くて発語もできない人ですが、「足文字」という独特の方法でコミュニケーションをとります。車いすに座りながら、足で床に平仮名を崩した略字を書くように動かして、それを介護者が読み取るんです。

勘の良し悪しにもよりますが、介護者が足文字を読めるようになるまで、最低でも半年くらいはかかります。だから、常に慣れた介護者がそばにいないと生活そのものができません。

もともと介護現場というのは、そうした個別性・特殊性を意識しなければ成り立っていかないというのが、新田さんの一貫した主張でもありました。施設のように「管理する、される」という関わりでは、お互いの深い関係性は築けません。それが、「見守り」をキーワードとする長時間滞在型の介護枠、つまり「重度訪問介護」という障害福祉サービスの制度化を行政に要求することにつながっていったんです。

その後、早稲田大学の岡部さんや、うちの事業所のコーディネーターの末永弘さんなど、古くから知的障害者の支援に取り組んできた人たちの強い働きかけもあって、2014年から、ようやく知的・精神障害者も利用できるよう対象範囲が拡大されました。

**尾野** 重度訪問介護については、自立生活企画を訪れた後に、『道草』に出てくる人のアパートに行ったり、お母さんたちにも話を聞いたりしました。

例えば、桑田さんは子どもの頃、自傷行為をしたり、1年間入院させたりもしたと。だけど、20歳になって自立生活をするようになって、すごく変わったんですと、お母さんが言うんです。「自傷行為もないし、私がいらないの」って。重度訪問介護は本当にありがたい制度だという話を聞いたんですね。

一方、今のやまゆり園は、寮という単位で、一つの寮に利用者が18人いて、日中は5~6人の職員でめんどうをみるわけです。夜は2人になるし、どうしても目が行き届かないところがある。でも自立生活で24時間、1対1で支援して下さればそういうことはないでしょう。

重度訪問介護が国の制度としてあって、大坪さんのような人たちが真剣に取り組んでくれるのならやってみようと。本当に一矢が幸せに暮らしてくれれば、僕は何も言うことはないんです。

## 大規模施設をグループホーム型へ

**渡辺** やまゆり園の再建計画は、今どうなっているんでしょうか。

**尾野**　事件のあった相模原の津久井やまゆり園は建て替え中ですが、２０１９年６月８日に家族に対して、再生基本構想の最終的なものが発表になりました。津久井に再建される施設に66人、芹が谷に新たに66人の施設をつくりますと。２０２１年４月開園ということです。

２０１８年10月に再生基本構想が県から発表された時は、津久井に88人だったんですよ。ところが意思決定支援会議などがある中で、県が66人ずつという数字を出した。どうして家族にも知らせないで決定したのかと家族が突っ込んだら、今決めなければ間に合わないから決定しましたという説明でした。

新しい寮は11人のユニット制の部屋で、全部個室です。それと、地元の人たちとの交流スペースが設けられます。

**渡辺**　従来の大規模施設ではなく、小規模で、各ユニットがグループホームのスタイルになっているわけですね。でも、建物のハード面を小規模化したからといって、事件前と何が違うのかという議論もありますよね。

**尾野**　そう、グループホーム型ではあるけれど、あくまで施設なんです。ユニット型であろうとなんだろうと、職員がそれぞれの、カリキュラムに組み込まれてやっていくんだから。

**渡辺**　そこを根本的に逆転させるというのが、大坪さんのいる自立生活企画の理念でもありますよね。

**大坪**　介護をする側が、利用者のために「よかれ」と思って、先走って判断するのではなく、基本的に本人がやることを待つ。だから傷ついたり、失敗もするけれど、失敗することも支援する。極力手を出さない。こっちが待つ姿勢ですね。

**尾野**　本人の好きなようにさせて、失敗したらそこで教える。施設ではありえない考え方です。施設だと、どうしても本人の意思が抑えられがちだから、何もやらなくなってしまう怖れがある。

**編集部**　でも、「本人の好きなように」といっても、身体障害の人とは違って、一般に知的障害のある人たちは、そもそも自己選択・自己決定ができない人たちではないかと思われがちです。そのへんはどう考えるんですか?

**尾野**　今の一矢は、大坪さんが来てから、いろんなことを自分でして、それに対して良かったねとか、ダメだったら今度やめようねとか変えていっている。言葉がわからなくても、本人なりに理解する。今までは、その理解力を僕らが受け止めようとせず、抑え込んでしまった。それが今の施設のあり方じゃないか。大規模施設だからそれはしょうがないと思うけど、そうじゃなくて本当に一人で暮らしていくというのができるようになれば、素晴らしいことだと思うんです。

## 知的障害者の自立とは?

**渡辺**　これまで重度の知的障害がある人に、自立生活なんて無理だという思い込みがあったし、身体・知的・精神の中で、知的障害者の施設入所の割合は依然として突出して高いですよね。ところが、知的障害があっても、介護者と一緒になって考え、「共に決める」という意思決定や自立のあり方があることが、映画『道草』に描かれている実践例などからもわかってきました。

利用者がどういう生活をしたいのかというのをとことん待って、見て感じて初めて、その人の生活に寄り添っていける。本当は「見守り」こそが自立生活の介護の本質ということですね。

**編集部**　そこで言う「見守り」というのは、植松被告がやまゆり園にいて「楽な仕事だ」と言っていた見守りとはどう違うんですか？

**渡辺**　施設では、利用者が一定のルールをはみ出さないように、いわば管理的・監視的に見守るわけですが、自立生活での見守りは、本当に一矢さんらしい生活をしていくために、介護者が一緒に時間を過ごしながら考えていくという姿勢です。だから、同じ「見守り」でも180度違うものだと思います。そこには介護者の個性も反映してくるだろうし、単に介護者が利用者の黒子になるのではなく、一緒に深い人間関係を築く中で意思決定をしていく。

**大坪**　丸ごと自分をぶん投げて、何もかも一緒にかぶりますという関わり方ですね。だから、けがもするんです。僕も向こうもけがをする。でも、それでもやる。泥まみれになって一緒にやる。

**渡辺**　今はまだ一矢さんは、やまゆり園の芹が谷園舎に入所していて、毎週水曜日に大坪さんと会いながら、少しずつ信頼関係を作っている最中ですよね。これまで一矢さんとの関係を築いていくうえで、どんなことが大変でしたか。

**大坪**　まずは拒否されたらどうしようって、最初は緊張しましたね（笑）。

その時は芹が谷園舎の近くの公園にごはんを食べに行ったんですが、一緒に食べている時に、初対面なのにメロンを口に運んでくれたんですよ。それで感極まって涙があふれてきちゃった。

一矢さんの感覚からしたら、この人は何なんだって拒絶されてもおかしくないでしょう。それを、メロンを口に運んでくれて、恐縮というか、泣けてきちゃって。この気持ちに何とかして応えなきゃって思いましたね。

**尾野**　そうやって相手の口に運んでくれるというのは、最初はウインナーだったんですよ。一人で切って食べてたんで、「お父さんもウインナー食べたいな」と言ったんですが、くれなかったんです。お母さんが「一矢がくれないからお父さん泣いちゃう」って言ったら、顔色が変わって、「お父さん泣かない」って言って、くれたんですよ。それからあーんって言うと、くれるようになったんです。

**大坪**　そのメロンの時も、僕が泣いたら、すごい心配してたんですよ。

**尾野**　その時、大坪さんって名前を教えたら、次に来た時、「大坪さん」って自分から言えたんです。それ以来ずっと毎週1回来てくれています。1年間で3回休んだだけ。大坪さんにもお子さんがいるんだから、ゴールデンウィークは休んでほしいって僕が言ったんです。

## 神奈川県初の知的障害者の重度訪問介護

**渡辺**　大坪さんの派遣にかかる費用はどうなっているんですか?

**大坪**　制度上はお金が支給されていませんから、今のところは自立生活企画の持ち出し、ボランティアですね。

**尾野**　それで県と市のやまゆり園の相談支援の方と話をして、2019年10月から座間市で地域移行支援の支給決定ということになったんです。県は通常の地域移行支援に、上乗せの補助金を支給してくれることになりました。座間市も地域移行した場合の重度訪問介護の支給には乗り気です。知的障害者の重度訪問介護は神奈川県で初めてなんですね。モデルケースにもなるし、すごくいいことだと。

最初、相談に行った時は「一矢さんには無理ですよ」って言っていたのに、今は13の事業所にアピールして、自立生活企画のノウハウをぜひ教わってほしいという感じになっています（笑）。

**渡辺**　今後の自立生活に向けてのプロセスはどのように進むんですか。

**大坪**　まだはっきりとはしていませんが、次は私1人だけでなく、他の介護者とも信頼関係を少しずつ作っていくことですよね。

**尾野**　これからはお金が出ることになったから、アパートを探すとか、体験入所する部屋を見つけるとか、新しい介護者も募集しやすくなるでしょう。大坪さんのような人が、あと1人か2人入ってくれて、3人くらいがメインとなって動いてくれれば。最初は戸惑うだろうけど、だんだん慣れていくだろうしね。

**渡辺**　これまで一矢さんがパニックに陥ったようなことはありましたか？

**大坪**　パニックというほどじゃないですけど、最初のうちはふらふらって不安定になる場面もありました。

**尾野**　何にもない時に、いきなり大声でわんわん泣くような時もあるからね。でも、今はほとんどないです。一矢も視野が広くなったんじゃないかと思うんです。そういう点では一矢をほめてあげたいし、やまゆり園の事件で僕らも変わった。これが今後も良い方に向かってくれればいいなと思っています。

僕自身は、障害が重かろうと何だろうと、やっぱり支えてくれる人が大事だし、そういう人がいると本人も幸せになれると思う。そして、一矢が自宅の近くで生活できるようになったら、もっと行ったり来たりできるじゃないですか。

ただ、一方で津久井やまゆり園の利用者のお父さん、お母さん方、兄弟姉妹の方も年齢が高くなってきています。だから「自立生活なんて望まない。うちの息子は園で穏やかに暮らしているし、新しい施設にも行けるんだし、何も心配ないんだよ」っていう意見もある。「自立してアパート暮らしするといっても大変なことだし、本人が何も言わないんだからいいんじゃない」って、今はそういう人たちのほうが多いかもしれません。

## 障害者との出会いしだいで関わり方も違う

**渡辺**　植松被告は、介護というのは、人に迷惑をかけることであり、人の時間を奪う行為だとずっと主張しています。大坪さんは、長いご経験から介護というものをどうお考えですか。

**大坪**　僕は新田さんと出会って、やればやるほど信頼関係ができて、新田さんも感謝の気持ちで報奨してくれて、時間数もお金も増えていくという感じでした。

そして、できあがった信頼関係をベースにして、福祉の現場にある問題を行政に対して申し入れをして、それが制度として実際に形作られていった。こんなに手応えがあって面白い仕事はないわけですよ。やっていて楽しくてしょうがなかったですよ、新田さんの介護はね。

新田さんが言ってたけど、最初に出会う障害者によって、この世界の関わり方が違ってくる。僕は恵まれていたのかもしれませんけど、植松被告の場合は、おそらく福祉の面白さを何にも感じられないで、結果的に虚しさしか残らなくて、不安か焦りかわからないけど、ああいう結果になっちゃったのかもしれない。

**渡辺**　大坪さんと植松被告とでは、何が違うんでしょうね。

**尾野**　障害を持った人に対する考え方でしょうね。ただお金をもらって、入所者が可もなく不可もなくいてくれればいいと考えて就職する人もいる。植松被告は、自分がやってあげても、何も変わらないと思ってしまったわけでしょう。だから、就職するところを間違えたわけですよ。障害を持った人たちに対する支援ということをきちんと突き詰めて勉強できてなかったわけですよね。

**渡辺**　植松被告が、もし新田さんみたいな人に出会っていれば変わっていた可能性はあるんでしょうか。

**大坪**　目の前に面白い世界が広がっていても、何も感じない人もいますから。

新田さんのところにも、うまく信頼関係が作れずに「なんだあのおやじは」って去っていった人もいっぱいいました。出会いが生きるのか生きないか、その境目は結局のところ、わからないけれど。

## 施設批判一辺倒ではなく議論を

**渡辺**　大坪さんは、今後の課題についてどう考えていますか?

**大坪**　単にやまゆり園を批判するだけの対立構造みたいなことにはしないことが大切ですよね。そして、尾野さんが集会で糾弾されたりといったことはもうないようにしないと。

**渡辺**　今は、やまゆり園の職員とも一矢さんの関係は非常にいいわけですね。

**大坪**　施設反対派で尾野さんのことを糾弾した人たちは、ものすごく偏狭な見方をしていると思うんです。例えば、新田さんは施設を飛び出した最初の障害者で、施設批判の急先鋒みたいな人でしたが、施設の職員と仲が悪かったわけでは全然ない。むしろ、新田さんの自立を支援していた人の中には施設の職員もたくさんいました。

新田さんは施設の管理者とは闘ったし、施設の構造的な問題を批判したりはしましたが、現場にいる人たちとは連帯していました。施設批判一辺倒でやって、何かが解決するとは思えません。一緒に信頼関係を築いて選択の幅を広げていくことが、制度のきめ細かい展開につながっていくんだと思います。

**尾野**　僕も津久井やまゆり園は施設としてはとてもいい施設だと思っています。問題は施設を運営する側、それに加えて県も問題です。あの施設は県の指定管理を受けているので、民間の施設とは違って、常に県の顔色をうかがってしまうところがある。僕は、もう少しやまゆり園をマスコミなどにも公開したほうがいいと園長にも言っているんです。

**渡辺**　ああいう事件が起こったのは、やまゆり園がひどい施設だったからだという見方をする人もいます。それに対してきちんと説明したほうがいいですよね。

**尾野**　僕の家には、やまゆり園の職員や大坪さんのような方だけでなく、ジャーナリストもたくさんやってきては、ワイワイやっていますが、それが自分たちの身になると思っています。

障害のしの字も知らないような状態で、一矢を育ててこれたのは、多くの人に助けられたおかげだと思いますね。

（初出：『創』2019年11月号）

# 21 元利用者家族が語ったやまゆり園と殺傷事件

平野泰史
平野由香美
吉田美香

この章に実名で登場いただいたのは、事件当時やまゆり園に入所しており、その後退所した平野和《かず》己《き》さんの両親・平野泰史さんと由香美さん夫妻、そして、同じく吉田壱成さんの母・吉田美香さんだ。平野さんは大規模施設の内情を告発し、事件の本質は施設の闇の部分にあるのに、マスコミは表層しかなでていない、と批判している。

この座談会は2019年11月に収録されたもので、やまゆり園での施設のあり方が県議会で問題にされたことが最後に指摘されている。その後この問題がどうなったかについては、次の第22章を御覧いただきたい。聞き手にはノンフィクションライターの渡辺一史さんにも加わっていただいた。

## 事件当夜、入所者はどんな状況だったか

――まずは平野さんと吉田さん、事件の時のことをお聞かせください。植松被告が押し入ったのは2016年7月26日の未明のことですが、その早朝に家族の方々が駆け付けたわけですね。

**平野（父）**　事件のあった朝、友人から電話があって、お前のところは大丈夫なのかと言われました。

それで初めて事件を知ったわけです。すぐに妻が電話で安否を確認したところ、うちの子は大丈夫とのことでした。

**吉田**　事件直後の気持ちとしては、障害者になりたくてなった訳じゃないのに、一生懸命生きているだけなのに、そして健常者の子を持った親と同じように、子供のことを愛しているのにと、植松の歪んだ気持ちに憤りを感じました。また、植松と同じように思う人がいると考えると、怖さも感じました。

**渡辺**　津久井やまゆり園は、「ホーム」と呼ばれる8つのユニットに分かれていましたが、まず平野さんのお子さんの和己さんは、どちらのホームにいたのですか。

**平野（父）**　入所した当初は「すばるホーム」でしたが、事件後他の園に移され、やまゆり園に戻ったあとは、一階の「みのりホーム」でした。

**平野（母）**　「すばるホーム」では3人が亡くなっています。植松は最重度の障害者を狙ったと言ってますが、うちの子は区分から言えば最重度なんです。

でも「すばるホーム」で刺されて瀕死の重傷だった子は、会話もできるような人でした。何でも自分で喋れるし、その子は廊下を這っていって職員を呼びに行ったんです。7カ所刺されたけれど、かろうじて動脈をやられなかったんですね。

**渡辺**　植松被告は刺す前に声をかけて、それに答えられるかどうかを確かめ、なるべく重度の人を狙ったと言ってますね。

**平野（父）**　声をかけたといっても夜中の2時頃でしょう。私だって答えられるかどうかわからないですよ。植松は重い子を狙ったと言っているけど、そんな判断をする余裕はなかったと思いますね。

**吉田**　最重度の子を刺したと言ってるのは事実と違いますよね。うちの子も最重度ですから。

**渡辺**　吉田さんのお子さんの壱成さんは、どちらのホームに？

**吉田**　「みのりホーム」です。うちの子は睡眠障害でちょっとの物音でも起きてしまうので、たぶんその時、起きていたんだと思うんです。だからたまたま刺されなかったのかもしれない。これは推測なんですけど。

---

植松元被告は犯行時、どんな経路をたどって入所者たちを襲ったのか。当時の津久井やまゆり園には、東側居住棟と西側居住棟の2棟があり、それぞれの棟は、いくつかの居室が集まった「ホーム」と呼ばれる合計8つのユニットに分かれていた。

まず植松元被告は、東側居住棟1階の東側にある女性ユニット「はなホーム」の一人部屋の窓ガラスをハンマーで割って侵入。そこで女性5人を殺害した後、西隣にある女性ユニット「にじホーム」（死者5人）を襲撃。続いて、渡り廊下から西側居住棟へ移り、1階の男性ユニット「つばさホーム」（死者2人）と同「みのりホーム」（死者なし）を襲った後、2階へ上がり、同じく男性ユニットの「すばるホーム」（死者3人）と同「いぶきホーム」（死者4人）を襲撃して逃走したとみられている。

無傷だったのは、東側居住棟2階の男性ユニット「のぞみホーム」と女性ユニット「ゆめホーム」のみ。ちなみに、植松元被告は２０１２年12月に、非常勤職員としてやまゆり園に採用され、２カ月後には臨時職員として「つばさホーム」に配属された。その後、２０１３年４月に常勤職員となり、「のぞみホーム」で勤務していた。

**平野（父）**　吉田さんのお子さんがいた「みのりホーム」は、植松が襲ったホームの中では、唯一、けが人はいたのですが死者は出なかったんです。

**吉田**　包丁を新しく変える前で刺さらなくなっていたんじゃないかと言われていますね。

**平野（父）**　それと、もうひとつ考えられるのは、「みのり」は施錠されている部屋が多かったのかもしれない。

**平野（母）**　これは推測ですけどね。本来、施錠してはいけないことになっていますから、実際のところはわかりません。

**渡辺**　部屋ごとに施錠するというのは可能なんですか。

**平野（父）**　廊下の両脇に部屋が並んでいるんですが、個室と２人部屋があって、部屋ごとに分かれているから可能です。職員にその時どうだったのかと聞いたら、夜中は誰か出てくるかもしれないので職員室から見えるようにドアを開けてあったというんです。普段は職員室からは見えないんです。職員室の窓も中が見えないように全部目張りしてあるんです。

**篠田（編集部）**　職員は夜は定期的に見回りをすることになっているんですか。

**平野（父）**　２つのホームの中間に１つの職員室があって、両方のホームを見るようになっているんです。例えばうちの子の場合なら、職員が「すばる」と「いぶき」を見るようになっていたんです。ただ職員室には目張りがしてあるのでドアを開けて出ないと見えないんです。

**渡辺**　なぜ職員室に目張りがしてあるんですか。

**平野（父）**　利用者から見えないようにするためです。職員の姿が見えると利用者が気になってしまうからです。

---

元利用者の松田智子さんについては、NHK「おはよう日本」（2019年6月12日放送）で報道され、やまゆり園の支援の実情が問題視されるきっかけともなった。

智子さんは、やまゆり園時代、「突発的な行動もあり、見守りが難しい」という判断のもと、車いすに長期間拘束されていたことが、やまゆり園の支援記録から明らかになった。

ところが、やまゆり園を退所し、横浜市内の施設で拘束を解かれた生活をするうちに、足腰のリハビリを行うことで歩けるようになった。グループホームに移り、散歩やカフェでの食事、地域の資源回収の仕事までできるようになったという。

植松元被告は、犯行予告ともとれる衆議院議長への手紙の中で、「車イスに一生縛られている気の毒な利用者も多く存在し」と書いたが、それは彼が目にした現実だった。

---

**平野（父）**　家族会前会長の尾野さんの息子さんがいた「いぶきホーム」は、非常にオシッコ臭かったと聞きました。なぜなのか元のホーム長に理由を聞いたら、「部屋でオシッコする子がいるんです」と言ってました。

**平野（母）**　オシッコ臭いのは、息子が事件のあと4カ月いた「みのりホーム」も同じでした。でも保護者はホームの中に入れてもらえないので、詳しい事情はわからないんです。

**吉田**　うちの子も「みのりホーム」でしたが、毎日風呂にも入れてもらってるはずなのにフケもすごいし、臭いもすごい。

## やまゆり園の支援について

**平野（父）**　それから、やまゆり園に入所した時の説明では、月曜から金曜の日中は「生活介護」ということで、東側の作業棟へ行くと説明がありました。

ところが、「いつでも見学どうぞ」と言うので、日にちを決めようとホーム長に話すと、「平野さん、実は毎日は行ってないんです」と言うんです。どれくらい行ってるんですかと聞くと、「週2～3回」とのことでした。園ではそれを「ピックアップ」と呼んで、日中に作業棟に行ける人だけを選んで連れていくんだということです。

今手元にある支援記録は、事件のあった2016年の記録ですが、作業棟にいるのは約1時間。それ以外の時間は、ほとんどドライブなんです。ドライブというのは、入所者を何人か車に乗せて職員が運転する。暴れやすい子でも車に乗るとおとなしかったりするので、よその施設でもやっているらしいですが、「監禁ドライブ」というらしいです。要するに車に乗せて走りはするんだけど、車の外には降りない。

事件後に、芹が谷園舎（横浜市港南区にある仮移転先）に移ってから、お正月の記録があるのですが、ドライブで鶴岡八幡宮に行ったのに、「車の中から参拝」と書いてあるんです（笑）。

**平野（母）** 息子がどういう生活をしているのか気になって、私も記録を読んでみるんですが、読むと胸が苦しくなる。みのりホームでは「1日中すわってテレビを見ていました」とか、「つまらなかったのかテレビを見ながら畳のへりをずうっと触っていて、それで畳を1枚ダメにしました」とか連絡してきました。

**平野（父）** そういう記録だって、本当は全部出さないといけないんですが、請求してもなかなか出てこないんです。

**吉田** うちの子はうんちをした時、自分で拭けないんですが、「出たよ」と必ず言うんですよ。でもやまゆり園にいた時は、パンツにべったりうんちがついている。だから職員の目があまり行き届いていないんだなと思いました。やまゆり園は、一人ひとりの事情に応じてくれるような対応の個別性がないんですよね。

**渡辺** 個別に対応してほしいという話を家族会などで話し合う機会はないんですか。

**平野（母）** 今ここで私たちがこうやって話していると、やまゆり園に上からガンガンいろんなことを言っているように思えるかもしれませんが、実際には最初はお願いする形です。入所者の家族は、「すみません、できればこうしていただけないでしょうか」という感じです。家族会でも何か批判めいたことを言うと、他の家族から、「あんなことを言わない方がいいですよ」と言われることもあります。やまゆり園にいられないようになったら大変だからというのですね。

## 「受け入れてもらった」という家族の弱み

**渡辺**　そもそも平野さんと吉田さんのお子さんは、いつからどういう経緯でやまゆり園に入所したのですか。

**平野（母）**　もともと和己は、秦野市にある「弘済学園」（財団法人鉄道弘済会）という施設にいたのですが、そこは児童施設で18歳までしかいられないんです。

**平野（父）**　18歳を過ぎると、加齢児ということになって、それで仕方なく別の受け入れ先をあちこち探すんですね。

それと、これは話すと長くなるのですが、うちの場合は弘済学園といろいろあって、ひとつはうちの子への虐待があったんです。それで学園ともめて追い出された形でした。グループホームなども探したのですが、当時はすぐに入れるようなところはなく、入所させるつもりはなかったのですが、紹介されて「津久井やまゆり園」のショートステイを利用していました。結局その後、当面の居場所として、事件の2年前の2014年6月にやまゆり園に入ることになったんです。

**平野（母）**　弘済学園で同じクラスだった方も含め、津久井やまゆり園に入所して、「みのりホーム」に在籍していた方が3人くらいいます。

**篠田**　吉田さんも、同じ時期に弘済学園からやまゆり園に移ったんですか。

**吉田**　うちの子も弘済学園を出て、やまゆり園に入所したのですが、2013年でしたから1年くらい早かったです。

私の場合は、市役所から施設の一覧表をもらって、片っ端から連絡を取って見学に行きました。でもどこもいっぱいだったり、うちの子が暴れたりするので、「うちでは無理です」と言われたり。

**渡辺**　強度行動障害の子はだめと。

**吉田**　とくに他害とかあると受け入れてもらえません。ところが、やまゆり園の場合は、1泊2日の体験入所をさせてもらった時、たまたまうちの子がおとなしかったからか、入所できることになったんです。それでも、入所するまで1年間待ちました。

**渡辺**　入るまでに1年かかったんですか。

**平野（父）**　1年は早い方ですよね。基本的に空いている施設はないんです。どこも満員ですから待機、待機です。

**吉田**　片っ端からダメと言われるなかで、やまゆり園が受け入れてくれた時には、救われたという感じでした。

**平野（父）**　入所した方はほとんどそういう感じかもしれません。「入れてもらった」という感じですね。やまゆり園の家族会の現会長の大月（和真）さんが言ってましたが「やっとたどりついた」という感じ。

**平野（母）**「すばるホーム」に入った当初から、基本的に土・日は外出なしということでしたが、

「みのりホーム」では「ここの人たちは刺激に弱いので外出はできません」と言われたので驚きました。それまで弘済学園で普通に外出していたのに、どうしてそうなるのかわからない。誰か一人出せば他の人も、となるので出せません、と言うんですね。

**吉田**　私も以前は毎週、子どもに会いに行っていたのですが、「芹が谷園舎」に移ったら、「月に1回にしてほしい」と言われました。私が「会いたいのに来ちゃいけないんですか」と聞いたら、「親が来ると乱れる」と言うんです。「おうちに帰る」と言い出すらしいんですね。弘済学園では親も一緒に入って子どもたちと時間を過ごすこともできたのですが。

## 「お世話になっているから」と諭された

**平野（父）**　やまゆり園もいろんな問題を抱えているのに、家族会などでは文句を言う人が少ないのは不思議な気がしますね。

**平野（母）**「他の施設ではこんな日中活動をしているけど、やまゆり園ではできないのか」と提案していた人もいましたが、ほとんど無視されていました。時々、家族会でも批判的な声を上げる人もいるんですが、家族どうしの横の連携がほとんどないから、まとまって何かを提案していくという形にならないんです。

**渡辺**　やまゆり園に対して、なかなか強いことを言えないのは、やはり施設にお世話になっている、という気持ちがあるからですか。

**平野（母）**　そうですね。私たちはやまゆり園にいろいろ言ってきたんですが、ほかの家族から「お世話になっているんだから、そんなこと言ってはだめよ」と諭《さと》されたことがありました。

**吉田**　私は平野さんご夫妻がいろいろ意見を言われているのを見て共感して、総会が終わった後に声をかけたんです。

**平野（父）**　内心では、やまゆり園や家族会に不満を持っている家族は多いけど、それを言葉にはしづらいんです。

**平野（母）**　私たちも、もしやまゆり園が改善されて、そこにいながらグループホームに出ることを選べるとか、やまゆり園にはグループホームもありますからね。そんなふうに今までの日中のことや、外出に関しても改善してくれるのなら、息子をやまゆり園に置いておこうかとも考えました。

**平野（父）**　こう改善したらいいのではないかとか、事件前も事件後もいろいろ提案をしたのですが、まったく聞く耳を持ってもらえなかったんです。

　実は事件後すぐにホーム長から「施設を移ってくれないか」と言われました。なぜかというと、事件のあと40人くらいの入所者が体育館に避難して、しばらくそこでざこ寝状態で暮らしていたのですが、うちの子は夜も歩き回って、どうも迷惑だということだったらしいんです。

　最初は抵抗しましたが、「移ってほしい、これはお願いだ」とも言われ、三浦市にある施設を提案されたので、とりあえず見学に行ったんです。行ってみると、建物の下がすぐ三浦海岸で、海が見えて陽光が燦々《さんさん》として、すばらしいシチュエーションなんです。海岸に降りればいろいろなお店もあるし、プールもあるし、児童施設もあるし、これは素晴らしいと思いました。
ところが、その施設に移って1カ月ほどして正式契約をしてくれということで出掛けた時に、「うちの子はどうですか?」と聞くと、1カ月の間、一度も外へ出していないと言うんです。寮長に聞いたら、うちは寮からいっさい出さない方針だと。いや、和己は運動が必要だから出してもらえないかと言うと、部屋の中を歩いているから大丈夫ですよ、慣れてきたら正門の外にあるセブンイレブンくらいまでは行かせます、と言うんです。ここにうちの子は置いておけないと思いました。

**渡辺**　やまゆり園に置いておけないと思ったけれど、ほかの施設も似たり寄ったりの面があるということですね。

**平野(母)**　親にしてみれば、自分たちがいずれ死んだ時に、子どもをそのまま今の施設に置いておいていいのか。そういう思いをなぜ、やまゆり園の他の親は持たないいんだと思いました。

## やまゆり園の問題か大規模施設の問題か

**渡辺**　お話を聞いていて思うのは、問題はやまゆり園だけにあるのか、それとも大規模施設ゆえの構造的な問題なのか。そこをしっかり見すえないと、単にやまゆり園を批判して終わりということでは、犠牲になった人たちに申し訳ないし、これから第2第3の植松が出現しないとも限りません。
気をつけなくてはいけないのは、単に施設がひどいと外から言うだけだと、逆に施設の管理体制が強まって、利用者の生活がもっと不自由になるなど悪い結果を招いてしまうことがあることです。

**平野（父）** そもそもやまゆり園事件の後、いまだに職員が誰もきちんと発言してないでしょう。

**渡辺** 職員も少ない人数でやっているので、なかなか全部の入所者に手が回らないといった事情があるなら、それはそう説明した方がいい。取材の過程でやまゆり園の職員に会う機会がありますが、職員だって熱い思いを持って取り組んでいる人は確実にいます。だからこそ、やまゆり園側もきちんと発言をして、構造的な問題を一緒に考えていこうという姿勢を示したほうがいいと思いますね。

**平野（父）** 結局、組織が大きくなると、当然そこには管理上の問題が生じます。その管理と、人の尊厳を重んじるというのは、反比例しますからね。やまゆり園だって、いろいろなプログラムを掲げていて、見学された方の中には「いろいろなプログラムがあってすばらしい」という感想を持つ人もいるんです。

でも入ってみるとわかりますが、いろいろ掲げてあっても、実際にそれが実行できているかどうかは別なんです。実際は日中の生活介護も先ほど言ったようなことしかやられていないわけです。

**吉田** やまゆり園では作業といっても、型はめとかパズルくらいしかやらないでしょう。だから家族の方も、うちの子は何もできないからこれでいいんだと思ってる人は多いと思います。それは本人が自分でいろいろなことをやってみる環境にないからですね。やまゆり園では「壱成君は働くのは無理です、グループホームも無理だと思います」と言われました。

**平野（母）** 本当はグループホームも含めて、あの施設を出てもやっていけそうな人が入所者の中にたくさんいるんですよね。だから、もっといろいろな選択肢を示して説明してくれていたら良かったのにと思いますね。

**篠田**　ここで話されている平野さんたちの批判についても、やまゆり園の関係者は、かなり気にしている感じがあります。だから、園としてきちんと反論した方がよいのではと、家族会・前会長の尾野さんなども言ってますよね。

**平野（父）**　そもそも事件の直後から、職員は外部に何も話してはいけないと箝口令《かんこう》が敷かれているのでしょう。入倉かおる園長の考え方は、やまゆり園はあくまで被害者だからということですからね。

やまゆり園の施設の問題については、2019年9月の神奈川県議会で、議員が質問し、県知事が答弁しています。議員から紹介があって私も資料をお見せしましたが、県議会でこの問題が取り上げられたこと自体、初めてです。

（初出：『創』2020年1月号）

最後に補足しておけば、前章の尾野さんの話の最初に出てくる「津久井やまゆり園を考え続ける会」には、この章の平野さんなども参加している。事件当時、同じやまゆり園入所者家族ではあったが、尾野さんと平野さんは考え方を異にしている。同じ障害者の親といっても考え方は様々だが、マスコミはこのあたりの掘り下げには及び腰で、尾野さんと平野さんの両者の意見を誌面で報じたのは、今のところ『創』だけだ。

22

# やまゆり園検証委員会中間報告と施設の実態

渡辺一史［ノンフィクションライター］
西角純志［津久井やまゆり園元職員］
鈴木　静［愛媛大学教授］

2020年5月18日、「津久井やまゆり園利用者支援検証委員会」の中間報告書が発表された。やまゆり園で「漫然と身体拘束が行われていたと考えられる」「一部の利用者を中心に『虐待』の疑いが極めて強い行為が長期間にわたって行われていた」などと指摘しており、新聞では「虐待の疑い」などという見出しで報道された。

もともとこの報告書は、最終段階でやまゆり園やかながわ共同会へもヒアリングを行ったうえで公表される予定だったが、コロナ禍の影響でそれが困難になったため、当事者ヒアリングなしで公表されたものだ。

それに対してやまゆり園を運営するかながわ共同会は草光純二理事長名でコメントを発表。指摘された事項については「事実確認と原因究明を行っている」としながらも、「必ずしもすべてが事実ではない」「事例の中には、津久井やまゆり園事件後の混乱した状況下のものがあり、当時の厳しいギリギリの支援の状況は県に報告していたが、今回、虐待疑いとして取り上げられた」などと表明した。

報告書を受けて5月24日、障害者の問題に関わってきた人たちと議論した。

## 発端は県議会での黒岩知事の発言

――まず報告書が出されるに至った経緯について渡辺さんから話していただけますか。

**渡辺**　発端は、２０１９年12月５日の神奈川県議会本会議で黒岩知事が突然、かながわ共同会の指定管理を見直し、新たに公募制を導入すると発言したことです。

というのも、津久井やまゆり園に関して、「車いすに長時間拘束していた」とか「園の外に出ての散歩がほとんどなかった」などの問題が知事のもとに寄せられたというんです。前者については、６月12日にＮＨＫ「おはよう日本」で報道された元利用者の松田智子さんのケースを指していると思われます。また、後者は元入所者家族座談会で話を聞いた平野泰史さんらによる告発をベースにしているんでしょう（本書第21章参照）。こうした流れの中で、新たに第三者委員会を立ち上げて、津久井やまゆり園の支援の実態を調査することになりました。

そして、その検証委員会の初会合が開かれたのが２０２０年の１月10日です。また、１月21日の第２回会合後の記者会見では、早くも身体拘束を受けていたとされる３人のケースについて、障害者虐待防止法に触れる可能性が高いことが指摘されました。

その後、会合は第５回まで開かれ、３月中に最終報告を出すはずだったのですが、新型コロナウイルスの感染拡大の影響で遅れ、今回、中間報告という形で出てきたわけです。でも報告書に目を通すと、具体性に欠ける内容で拍子抜けしました。例えば、身体拘束を行うには、「切迫性・非代替性・

一時性」という3つの要件を全て満たさなければならないのですが（厚労省「身体拘束ゼロへの手引き」）、やまゆり園では一つでも該当すれば身体拘束できると認識し、会議でもそう伝達していたと言います。また、単に「見守りが困難」という理由から身体拘束が行われ、中には24時間の居室施錠を長期間行っていた事例も確認されたなどです。いずれもどんな事例だったのか、もっと具体的に書いてほしいというのが、この報告書に目を通した印象です。

**西角**　やまゆり園は2人部屋もあれば1人部屋もあったわけですが、部屋ごとに居室の入口の引き戸に施錠ができるようになっていたんです。不幸なことに施錠していない部屋の入所者が刺されたということが法廷で朗読された職員の供述調書から明らかになったわけです。施錠するにはそもそも3要件を満たさなければいけないいんですが、施錠についての認識が明確にされていなかったわけです。

**渡辺**　身体拘束が具体的にどういう行為を指すのかについては、今回の中間報告では「身体拘束ゼロへの手引き」で定めた項目に従っています。そのうちの11番目、「自分の意思で開けることのできない居室に隔離する」という項目が施錠にあたるものですね。

――その施錠は、個々の職員の判断でなされていたというわけですね。

**西角**　その可能性が高いですね。通常の身体拘束というのは、「つなぎ」だとか「抑制ベルト」だとか「ミトン」だとか、色々あります。行う場合は「同意書」が必要になりますが、施錠については曖昧だったのではないでしょうか。入所者が大きな声を出して周りに迷惑をかけどうしようもないという時に、居室に押し込めて施錠する、そういうやり方でした。

**渡辺**　私がやまゆり園の元職員を取材した際に聞いた話ですが、泊まり勤務の時にソファで仮眠していたら、いきなり入所者が入ってきて上から顔を殴られたそうです。慌てて血だらけになりながら、入所者を部屋に戻して施錠したそうで、そういうケースはあり得ると思います。ですから、状況を具体的に考えないと、妥当であったかどうか判断できないですね。また、行動障害には理由があるはずですから、なぜその入所者がそうなったのかも検証しないといけない。

――鈴木さんは、障害者施設の調査などもやってきましたが、報告書を見てどう思われましたか？

**鈴木**　今回のはあくまでも中間報告ということで、これから何を検証していくかの枠組みを示していると思います。今、話が出たのはいわゆる身体的虐待の事例ですが、この報告書自体が、身体的虐待があったかどうかの検証だけではなく、より広い意味で利用者支援を意識していると思います。

　ただ、枠組みを出しているとしても、様々なレベルの混乱が見られるんです。その理由は、利用者支援という時に、検証委員の持っている利用者支援のイメージが統一できていないんじゃないでしょうか。内容について言うと、少なくとも身体的虐待があったかどうかを検証しようとしていますが、虐待がなかったから良しとするわけではないとの委員会の姿勢が見えます。併せて、かながわ共同会と県の責任も問おうとしていますね。現場レベルの利用者支援、施設運営をしているかながわ共同会のガバナンス、そして神奈川県の責任です。それぞれの次元で、利用者支援がどうあったかを問おうとしています。

　この中間報告で終わったら、内容が乏しいと批判しますが、この枠組みに沿いながら、これから丁寧に検証していくのであれば、私はこの報告書を評価します。

## 施設の現状と植松元被告の障害者観との関係は？

――問題は、そういう施設の支援の実態と、植松元被告の障害者観がああいうふうになっていったこととの間に因果関係があるかどうかですよね。

**渡辺**　植松元被告が２０１８年に『創』に送ってきたという「鍵の中で」（本章末尾に掲載）という文章に明確に書いていますよね。初めて園に入所してきた利用者が、親が帰った後で鍵のついた部屋に閉じ込められて、「ここで何をするの？」と職員に尋ねると、「何もしないよ。この車いすに縛られるだけ。考えるから辛いんだよ」と言われて絶望していく。植松元被告が現実に目にしたものをモチーフにしたことは、彼との面会時にも確認していますし、事件と直接関係があるのは明らかです。

**西角**　僕も渡辺さんと同感で、『創』２０２０年2月号に植松元被告が『新日本秩序』に書いていたGさんという重度障害者の話が出てきます。

「日中はオムツとヘッドギアを付けて車椅子にしばり固定されており、食事は流動食を食べさせると同時に多量の服薬を行います」「眠る時は服を脱がないようにつなぎを着て、指を動かさないようにミトンでしばります。もちろん、Gさんは言葉を話すことができませんし、目は動き回りなにをみているのかわかりません」

彼の障害者のイメージが、実際の経験に基づくことは間違いないと思います。

――虐待というと一般的には殴る蹴るというイメージですが、障害者施設を語る際にはどう使われてきたのでしょうか？

**鈴木**　障害者虐待防止法では、①身体的虐待、②放棄・放置、③心理的虐待、④性的虐待、⑤経済的虐待というように類型化して、明確に禁止しています。殴る蹴るは、身体的虐待ですね。法律上の虐待があったかどうかを、今後具体的に検証するとは思うのですが、議論すべき内容は、もう広く射程に入れていると思いました。私は、利用者支援と言った時、福祉施設で現代的に問題になるのは、むしろ2つ目の放棄・放置、すなわちネグレクトなのではないかと思います。法的レベルだけではなく、社会的に問題とされるレベルも含めて。例えば、ロビーで、利用者全員がテレビを見てすごすことをどう捉えるか。これは、日中活動と言えるのか、ネグレクトではないのか。

実際の線引きは、状況によるので難しいと思います。なぜこの問題をとりあげるかと言えば、植松元被告は、やまゆり園での仕事について「見守りは楽だった」と言っています。利用者をただ見ているだけなら、それは本来の「見守り」といえず、ネグレクトの疑いが濃くなります。

**渡辺**　例えば、ロビーで一日中座ってテレビを見ているのを、職員の人は積極的に見ているんだと支援記録に書くと思うんですよ。でも、平野さんのご両親が言っているように、テレビを見ながら畳の縁を一日中触っていて、畳の縁がボロボロになっちゃう。やっぱりそれは彼らにとって苦痛なんですよね。ネグレクト的な虐待を、虐待と考えるかどうかは大切な問題だと思います。

――れいわ新選組の木村英子議員がマスコミの取材に答えて言っていたのが衝撃だったけれど、自分も施設にいた時に、「生きているだけでありがたいと思え」とか「社会に出ても意味はない」など、植松元被告が言っていたのと同じことをいつも言われていたというのですね。

**渡辺**　それは本当に施設においては、よくある問題ですよ。

**西角**　ただ一つ指摘しておきたいのは、木村議員が施設にいたのは、２００６年の障害者権利条約などが出てくる前なんです。まだ旧優生保護法下での「措置入所」の時代で、そういう経験は彼女に限りませんよね。

**鈴木**　津久井やまゆり園事件以降、虐待問題は、いろんなレベルで議論していくことが求められていると思うんです。法的責任を問われるレベル、検証委員会で問題とするレベル、職員が福祉施設でこれは虐待なのかどうか葛藤するレベル、あるいは本人や家族を入れながら検討するレベルのように。しかし、中間報告を読んでいても、検証委員の間で、その共通認識が十分ではないように思います。

実際には、知的障害があり、意思の表明が難しい人については自己決定や支援のあり方は、そう簡単ではない。両親の意向も無視するわけにはいかないでしょう。親御さんは自分の子だからこそ、施設でも家で育てるのと同じように手厚さを求める。それを叶えられない場合をどう考えるか。

**渡辺**　僕が常々思うのは、施設の限界は当然あるはずで、親御さんが思うように自分の家庭のようなことは当然できないわけです。だから、ここまでは施設ができる、その先はグループホームなり自立支援という方法があるということを、お互いに連携しながらオープンに話し合える場にしなくてはいけないですよね。

**鈴木**　やまゆり園としても、施設に問題があったからあんな事件が起きたんだ、という短絡的な議論になるのをすごく恐れているわけですよね。確かにそんな短絡的なことではないと思います。

**渡辺**　やまゆり園は、日本の施設の中ではスタンダードで、県立の施設でもあることから、むしろ労働環境としてはスタンダードよりは少し上くらい。だから、やまゆり園だけをバッシングして済むということでは全くないですよ。

**鈴木**　ええ。そういう施設であの事件が起きたからこそ、根深い問題だと捉えています。

**西角**　やまゆり園は、夜間帯は1つのホームに職員が1人という体制でした。2つのホームの支援員室が一緒ですから、何か起きたら助けにいくということでした。実は1人だけというのはやまゆり園だけの問題ではないんですね。夜間帯に14～15名の利用者を1人で見るということが問題ないのかどうか。その辺りはまだ踏み込めてないとは思っています。

## 大規模施設をめぐるかみあわない議論

――「大規模施設からグループホームへ」という流れがよく言われますが、やまゆり園は1964年に設立された、まさに大規模施設だったわけですね。

**鈴木**　そうです。ところで、日本では障害福祉の歴史的展開から、今でも2つの「世界」が併存しているように思います。1つは、今言われた大規模施設の流れです。びわこ学園の取り組みにみられるように、障害のある人の生活を、家族ではなく、社会で見るんだという流れです。この運動と実践をになう人たちは哲学をもち、社会福祉施設の流れを作りました。そのあとに、施設ではなく地域で暮らしていきたいんだと、自立生活運動が展開されました。日本では、この双方を交えた議論がないのが問題だと考えています。ともに議論することが乏しい。

**鈴木**　お互いに議論がないから、地域で運動している人たちは施設が悪いんだ、施設の人たちは運動の人たちとは議論そのものが嚙み合わないんだと言っている。この狭間《はざま》の葛藤や矛盾が尾野さんに降りかかり、また今回の中間報告の受けとめ方に現れているような気がします。

神奈川県知事には、「幸いなこと」に両方の意見が入った。あの事件を踏まえて、やまゆり園の利用者支援の問題の本質は何か。それを考えるためにも、第三者からなる検証委員会を開くことを決めた。私は、最終報告書の公表は、関心ある人たちが議論するきっかけにはなると思います。

同じ問題を語りながら、実は共通の価値観を共有していない。あるいは共通の方法論を共有していない。植松元被告が問いかけた問題に応えるためには、一歩も二歩も議論を深めないといけない。内輪の議論で、わかったふりをしていてはいけないと強く思います。神奈川県は、様々な立場の人たちを入れて、十分な議論を重ねながら検証してほしいです。

**西角**　２０１７年10月に公表された「津久井やまゆり園再生基本構想」そのものがまだ十分にコンセンサスを得られていないということですよね。「意思決定支援」「安心して安全に生活できる場の確保」「地域生活移行の推進」を柱とするこの「再生基本構想」を受け、「意思決定支援チーム」が設置されました。相談支援専門員をはじめとして利用者担当職員、サービス管理責任者、県職員、そして、市町村のケースワーカーらによる「意思決定支援検討会議」が、一人の利用者に対して3回から6回くらい行われています。コロナの問題でヒヤリングは難しい状況ですが、2020年の秋までには利用者全員の意思確認が集約される予定になっています。しかしながら「再生基本構想」における意思決定支援に基づく「地域生活移行」のプロセスが十分に共有されているかという疑問を感じざるを得ません。このプロセスは神奈川県の問題だけではなく、全国の施設で共有し、浸透させていかなければならないと思っています。

## 「私たち抜きに決めないで」の「私たち」とは

**渡辺**　障害者権利条約の基本理念として「Nothing about us without us」。つまり「私たち抜きに私たちのことを決めないで」というフレーズが障害福祉を考える上で大切です。黒岩知事と県議会の対立もそこにあって、例えば黒岩知事は2019年12月の時点で指定管理を見直すと言った時に、やまゆり園の体育館で利用者と家族に向かってまず「謝罪します」と言ったんです。「私たちは皆さんのためにと思って一生懸命やってきたけど、実は皆さんのためにというのは間違いで、皆さんの目線に立ってという考え方が今まで足りなかった」と。だから「皆さんの目線に立って新しい福祉のあり方を作っていきたいんだ」ということで、指定管理の見直しを打ち出したんですね。

でも、それを聞いていた利用者家族の人たちからは、かながわ共同会のままでいいという意見が7割を占めたんです（共同会の運営について利用者や家族らのアンケート調査で、70・0％が「満足している」、8・9%が「満足していない」、15・6%が「どちらともいえない」と回答)。そこで神奈川県議会は、知事の方針は当事者の声を無視した独断なんじゃないかと批判し始めたわけです。

でも僕はそれが大きな間違いだと思っています。知的障害者の多くは家族がどうしても代弁せざるを得ないけれども、本当に自分たちが、かながわ共同会で良いと思っているかどうか、自分たちでは言えない可能性がありますよね。

例えば、2020年2月20日、植松元被告の裁判が結審した翌日に、ピープルファーストという知的障害者の当事者団体が神奈川県庁に450人も集結して、やまゆり園の実態が裁判で明らかにならなかったことに対し、不満を表明しました。その中には、やまゆり園の元利用者の人たちもいたのですが、知的障害のある当事者が自分たちの目線で、やまゆり園の支援のあり方に疑問を持ち、「Nothing about us without us」を突き付けたんですね。でも一方で、神奈川県議会が言う「Nothing about us」というのは、あくまで利用者の家族が中心なんですよ。

家族の人たちが正直にやまゆり園やかながわ共同会に対する不満を言えるかというと実はそうでない。施設を批判すると、周りから「そういうこと言わない方がいいですよ」と忠告されたり、うちの子は施設以外に行き場がないと思い込んでいたり、あるいは外部を全く知らない人もいます。

だから、本当に彼らの目線でやまゆり園が良いと思っているかという疑問の中で、黒岩知事が「彼らの目線で」と打ち出したのは一つの進歩だった。にもかかわらず、県議会の厚生常任委員会では、知事が県議会を通さずに第三者委員会のメンバーを決めたとか、知事が誰の思惑で動いているかなど

〝政治的な議論〟だけに終始しています。

**鈴木**　渡辺さんの発言に反対するわけではありませんが、一方で、施設に長くいる利用者の「ケアの継続」性をどう考えるか。利用者自身が自分のことをわかってくれる職員がいると実感できる、いいかえれば「空気」のようにあたり前の状態な場合です。そうしたケアも実際にあるのをどう考えるかです。仮に尾野さんの長男の一矢君が「お父さんお母さんと暮らしたい」と言った時にどうするのか。ご両親は高齢になり、愛情とは別なレベルで一緒に暮らせない事情もあるでしょう。

さらに、例えば、施設は出たいけれど、今関わっている職員と一緒なら安心して出られると思った場合です。しかし、障害福祉の制度上、それはなかなか難しい。

## 施設と地域の二項対立的発想の問題点

**渡辺**　一矢さんが今、自立支援に向けて取り組んでいるのは、大坪寧樹さんという介助者（NPO法人自立生活企画）と長い時間をかけて関係性を作っているからです。そうしたプロセスを踏みながら、自立に踏み出すことが大切です。

それと、施設から1回出ると、再び施設に戻るのが難しいという問題もあります。状況に応じて出たり入ったりできるという保障がないと、なかなか地域へ踏み出せないという問題もあります。

**鈴木**　施設から1回出たら、再度入りにくいのもありますよね。身体障害のある人でも、自分が年をとったときのことを考えると決断しにくい。

私は、地域に出ることが成功、あるいは地域に出たら施設から切り離されますよという制度設計が問題だと思います。これは、それぞれの運動に対しての批判ではありませんよ。政策です。その政策の下、地域と施設を対立的に捉えることで、それぞれの現場で働くケアワーカーまでが分断されてしまっていることが問題です。

**渡辺**　でも施設とグループホームを両方運営している社会福祉法人も多いし、かながわ共同会も実はそうなんですね。

**鈴木**　地域にあるグループホームの中身も、問われなければならないと思うんです。地域にあっても、実質的にはミニ施設化しているところもあるでしょう。１９７０年代に、すでにイタリアでは、精神医療の分野で、地域にある住まいも、職員に管理されない住まいであり続けるために、十分注意を払い続けなくてはいけないと指摘しています。

施設と地域の二項対立になっている発想を変えることが重要だと考えています。今の段階で、本人や家族が何を望み、将来を見通した時に何を準備していくのか。今、親御さんが一緒に暮らせるとしても、将来どうするのか、複数の軸を持ちながら考えていくという発想を持たないと、施設と地域生活の実践と運動のパラレルな関係は続くかなと思います。

**渡辺**　障害者運動の歴史的な経緯で言うと、利用者の意思と家族の意思とは時に鋭く対立してきました。とりわけ日本では、障害児が生まれたら、母親が一生かけて面倒をみるのが当たり前だという価値観の中で、１９６０〜70年代には子どもの将来を悲観した親が、障害のあるわが子を殺害してしまう事件が多発しました。今日でも、認知症の妻を夫が殺したり、ひきこもりの息子を父親が殺した事件がありますが、障害者運動というのは、家族に介護を押し付ける日本社会特有の構造の中から生まれてきました。極端な言い方をすると、当事者にとって家族が敵になる場面は必ずあって、それは普遍的な問題だと思います。それと、一度施設を出て地域での生活を知ってしまうと、再び大規模施設に戻りたいという人はいないですよ。

**鈴木**　私のまわりでは、高齢になって施設に戻る方がいます。それぞれ苦渋の決断をしています。地域で暮らすことは原則だと思いますが、それがイコールで成功・ゴールとは言いきれない。医療や介護が必要になったら、再入所を現実的に考えられる選択肢があることが大事かと思います。政策的には、施設と地域生活の二項対立でなくて、必要な時には施設を利用できるとか、そういう議論の組み立て方をしないといけないと思います。

これは、大規模収容施設を追認することではなく、現代的な福祉施設のあり方を問い直す作業だと思っています。とりわけ、地域移行が十分に進んでいない過渡的な状況では特に。

**西角**　利用者家族のうち、3分の1は家族会や行事などに集まるのですが、残り3分の2は来ない。高齢で足が不自由だからとか、仕事が忙しいとか、様々なケースがあります。基本的には家庭でみれないから預けるわけです。

預けるといってもすぐに施設に入れるわけではなくて、1年から2年くらい待たされてようやく入れて安堵したというのは、どの家族も同じではないでしょうか。ただ時間が経つにつれて預けっぱなしという事例も多いですね。愛情を持っている家族なら、電話で直接本人と話をしたり、手紙を書いたり、誕生日プレゼントを贈ったり、いろんな手段でコミュニケーションができるわけです。でもそれすらしない家族もいるという状況です。一概には言えませんが、こういう関係をどのように築いていくかというのは、家族と預けた子どもとの関係ですよね。

**鈴木**　でも、私自身を考えても、実家の親からそう頻繁《ひんぱん》に連絡があるわけではありません。どうして、障害のある人の場合だと、頻繁な連絡が求められるのか。裏返せば、障害のある利用者に、家族以外の、家庭的または社会的な生活があるかが、問われているのでしょう。

## 問題は、行政がほとんど機能していないこと

――報告書で身体拘束が指摘されましたが、一般の人からすれば、施錠が身体拘束とか虐待だという発想はないですよね。

**渡辺**　投薬もそうですよね。身体拘束の禁止行為には「行動を落ち着かせるために、向精神薬を過剰に服用させる」という項目もあるのですが、これも一般の人は虐待に当たるとは思わないでしょう。でも、やまゆり園の元職員の証言では、行動障害がひどい入所者には、「じゃあ薬を増やしましょう」と指定医がバンバン薬を出すそうです。植松元被告に包丁で刺された犠牲者の遺体の多くには、抵抗した傷跡（防御創）がほとんどなかったことが裁判で明らかになりましたが、それは安定剤や睡眠薬などの過剰投与という問題もあったと私は思っています。

**鈴木**　最後にぜひ言っておきたいと思うのですが、なぜ津久井やまゆり園事件以降に、こんなに混乱した状況が続くんだろうと考えた時に、行政がほとんど機能していないからだと思うんです。

北欧では、障害のある人の様子を見ながらグループホームとか一人暮らしとかを判断し、必要な援助の見込みをつけるのが自治体のソーシャルワーカーです。フィンランドでは、オープンダイアローグと呼ばれる手法で、本人を交えて複数で決定していきます。日本でもここ数年、注目されています。

日本は自治体によるソーシャルワークが欠けている。だから地域移行やどこでどう住むかの議論の混乱状況があります。こうして大事件が起きると、施設と地域の現場の問題のみに焦点が当たり、責任を押しつけあっている状況が続いている。障害のある本人がおいてけぼりになってしまっています。

**渡辺**　相談支援にあたる、一応ソーシャルワーカーの社会福祉士もいますが、知っていることにムラがありすぎます。

**鈴木**　ええ、民間ゆえの限界なんです。有能なソーシャルワーカーもいて、すばらしい事業所もあるけれど、点が線になっていかない。自治体ならば、その地域で暮らす人たちの相談や支援が蓄積されると、その地域の次の支援に活かされる。

これからの課題は、行政が独立してソーシャルワークしていく体制や社会福祉施設と地域移行が柔軟になるよう、双方から議論が可能になる体制を作ることだと思います。そうでなければ、施設が良いか地域が良いかという議論が、終わらないような気がします。

## ■参考資料　植松聖元被告が2018年に『創』編集部に送ってきたもの《鍵の中で》

「もう大丈夫ですよ。今まで御苦労様でした。後は私達にまかせてください」

「本当に有難うございます…宜しく御願いします…」

8秒間、深々と頭を下げていたが、その後はやたら饒舌で、いつの間にかお客様のような注文をしている。帰る時には目を細めた暖かいまなざしで別れを惜しむが、その足どりは軽やかだった。

「ここで何をするの？」

「…」

「ここで何をするの？」

「…」

「ここで何をするの？」

「何もしないよ」

「何も？」

「そう、この車椅子に縛られるだけ」

普通の車椅子とは少し違うよう見える。全体がリクライニングして横にもなれるよう大きい。

「食事は？」

「流動食で噛む必要もないから、口空けてー」

急に態度が変わった。声の色、表情も無機質になったし、こんなもの食べられたものではない。が、口を閉じるとスポイトでねじ込まれた。水分もゼリーに変えられている。

「トイレは?」

「オムツの中にパッドを3枚、上手に巻けばしばらく平気だよ」

廊下を歩いている人が道しるべのようにウンコを漏らしている。

「あっ!! またやりやがった!!」

「ウギィ!!」

腹を思いきり殴られた後、シャワー室に引っぱられている。周りを見ると日当たりもよく明るい雰囲気だが、糞尿の臭いが充満している。

これから、ずっと、この場所で暮らすのか。

ガンッガンッガンッガンッガンッガンッガァンッガァンッガァンッガンッガンガンッガンガンッガ

アンッフーーーッガンガンッガァンッフーッフゥーーガンガンガシッ

「えーっ16時20分、自傷行為のため身体拘束、薬持ってきて!!…コイツ厄介だなぁ…」

この鍵の中では生きることも死ぬこともできない。

「考えるから辛いんだよーはいっ口開けてぇアーンッ…」

「あゃうは、いーんなっんーんなっうなぁいー」

# 23 【資料】死刑判決全文

令和2年3月16日宣告
横浜地方裁判所第2刑事部
　裁判長裁判官　青沼潔
　裁判官　横倉雄一郎
　裁判官　鈴木紫門
被告人　植松聖（平成2年生）
被告事件名　建造物侵入、殺人、殺人未遂、逮捕致傷、逮捕、銃砲刀剣類所持等取締法違反

**主文**

被告人を死刑に処する。

**理由**

**【罪となるべき事実】**

第1　被告人は、社会福祉法人かながわ共同会津久井やまゆり園（以下「本件施設」という。）に入所している利用者のうち、被告人が意思疎通できないと考える障害者を多数殺害する目的で、平成28年7月26日午前1時43分頃、相模原市緑区内の本件施設園長が看守する本件施設敷地内に、本件施設下段駐車場歩行者用通用口の門扉を開けて侵入し

1　平成28年7月26日午前1時43分頃から同日午前2時48分頃までの間に、本件施設内の各居室又はその付近において、いずれも殺意をもって、利用者43名に対し、それぞれ、その身体を柳刃包丁（刃体の長さ約21・9㎝）等で突き刺すなどし、よって、同日午前1時43分頃から同日午前7時55分頃までの間に、各居室において、19名を死亡させて殺害し、24名には、各傷害を負わせたにとどまり、その殺害の目的を遂げなかった

2　前記第1の1記載の犯行の際、外部への通報等を防ぐなどのため、本件施設の夜勤職員の身体を拘束しようと考え

⑴　平成28年7月26日午前1時43分頃から同日午前2時17分頃までの間に、本件施設はなホームの廊下内において、はなホームの夜勤職員である丙Aに対し、包丁様のものを示しながら「騒いだら殺す。」などと申し向け、逃げ出した丙Aを転倒させ、その後頭部を床面に打ち付けさせる暴行を加えた上、結束バンドでその両手首を緊縛してはなホーム内を連れ回し、更に、はなホーム110号室前において、別の結束バンドでその両手親指を緊縛した上、別の結束バンドで同所の手すりに縛り付けるなどし、同日午前3時20分頃に解放されるまでの間、その身体を拘束し、もって丙Aを不法に逮捕

するとともに、前記暴行により、丙Aに全治約1週間を要する傷害を負わせた

(2) 同日午前1時43分頃から同日午前2時17分頃までの間に、本件施設東棟1階職員室において、本件施設にじホームの夜勤職員である丙Bに対し、「親指を出せ。」、「早くしないと手を切り落とすよ。」などと申し向けつつ、その顔面に手段方法不明の暴行を加えた上、結束バンドでその両手首を緊縛してにじホーム内を連れ回し、更に、にじホーム209号室前において、別の結束バンドで同所の手すりに縛り付けるなどしたが、その後、丙Bが被告人の隙を見て上記拘束を外して逃げ出したため、その腕をつかんでにじホーム女性用トイレAに連行し、別の結束バンドで同トイレの個室内の手すりに縛り付け、同日午前3時25分頃に解放されるまでの間、その身体を拘束し、もって丙Bを不法に逮捕するとともに、前記暴行により、丙Bに全治約2か月間を要する傷害を負わせた

(3) 同日午前2時17分頃から同日午前2時46分頃までの間に、本件施設つばさホーム504号室前において、つばさホームの夜勤職員である丙Cに対し、結束バンドでその両手首を緊縛した上、別の結束バンドで同所の手すりに縛り付け、同日午前2時46分頃に解放されるまでの間、その身体を拘束し、もって丙Cを不法に逮捕した

(4) 同日午前2時17分頃から同日午前2時47分頃までの間に、本件施設西棟1階職員室において、本件施設みのりホームの夜勤職員である丙Dに対し、包丁様のものを示しながら「こっちに来い、早くしないと殺すぞ。」などと申し向けて丙Dを本件施設つばさホーム504号室前に連行し、2本の結束バンドでその両手親指及び両手首をそれぞれ緊縛した上、別の結束バンドで同所の手すりに縛り付

け、同日午前2時47分頃に解放されるまでの間、その身体を拘束し、もって丙Dを不法に逮捕した

(5) 同日午前2時17分頃から同日午前2時48分頃までの間に、本件施設いぶきホームリビングルームAにおいて、いぶきホームの夜勤職員である丙Eに対し、包丁様のものを示しながら、結束バンドでその両手親指を緊縛するなどして丙Eをいぶきホーム704号室前に連行し、更に、別の結束バンドでその両手首を緊縛した上、別の結束バンドで同所の手すりに縛り付け、同日午前4時頃に解放されるまでの間、その身体を拘束し、もって丙Eを不法に逮捕した。

第2 被告人は、業務その他正当な理由による場合でないのに、平成28年7月26日午前1時43分頃、本件施設内において、前記柳刃包丁1本、刃体の長さ約12・4cmのペティナイフ1本、刃体の長さ約20・3cmの菜切包丁1本、刃体の長さ約14・3cmのペティナイフ1本及び刃体の長さ約15・6cmのペティナイフ1本を携帯した。

**【法335条2項の主張に対する判断】**

第1 本件の争点と当事者の主張

本件の争点は、本件犯行時における被告人の責任能力の有無及び程度である。

検察官は、犯行時の被告人がパーソナリティ障害及び大麻使用障害・大麻中毒であったが、本件犯行に大麻使用の影響は小さく、完全責任能力を有していたと主張している。一方、弁護人は、本件犯行は、大麻の長期常用により慢性の精神病を発症した被告人が、それにより病的で異常な思考に陥った結果、そのような異常な思考に突き動かされるままに実行したものであり、心神喪失の状態にあっ

た、あるいは、少なくともその疑いが残るとして無罪を主張している。

## 第2 当裁判所の判断

当裁判所は、犯行時の被告人が完全責任能力を有していたと認めた。以下、その理由を説明する。

### 1 被告人の精神障害

被告人の精神障害について、裁判所が鑑定人として選任した大澤達哉医師（以下「大澤医師」という。）は、(i) 被告人は、本件犯行当時、パーソナリティ障害及び大麻使用障害・大麻中毒であり、(ii) パーソナリティ障害は、被告人の意思とそれに基づく行動そのものの現れであり、大麻使用の犯行への影響はなかったか、あったとしてもその行動に影響を与えないほど小さかったと鑑定した（以下「大澤鑑定」という。）。一方、弁護人が私的に鑑定を依頼した工藤行夫医師（以下「工藤医師」という。）は、(i) 被告人は、動因逸脱症候群を伴う大麻精神病であり、(ii) 本件犯行は、その発想から実行に至るまで、上記 (i) の影響が深く関与し、それなくしてはなしえなかったと考えられるなどと判断した（以下「工藤鑑定」という。）。

大澤医師及び工藤医師は、いずれも経歴や経験等に照らし、被告人の精神状態について専門的知見を述べる者として十分な資質を備えている上、前提とした資料も大部分が共通しており的確性に疑問な点はないから、それぞれの鑑定内容が一見して明らかに不合理であるとはいえない。また、大澤鑑定が指摘するパーソナリティ障害及び大麻使用障害・大麻中毒に被告人がり患していたとしても、これらが本件犯行に格別の影響を及ぼさなかったことについては、工藤鑑定も異論を述べていない。

結局、本件証拠上、本件犯行に相応の影響を及ぼした可能性があるといえる精神障害は、工藤鑑定が指摘する動因逸脱症候群を伴う大麻精神病のみであるが、動因逸脱症候群を伴う大麻精神病は、工藤医師自身もこれまでに接したことがなく、日本国内で確認された例もない稀有な症例とされており、その病像や診断基準等について、工藤鑑定が確立した医学的知見に依拠したものといえるのかは証拠上必ずしも明らかではない。

しかしながら、このことのみから、精神医学の十分な専門的知見に基づくと認められる工藤鑑定を直ちに排斥することはできない。そこで、以下、工藤鑑定のいう病像や診断基準等に照らして、犯行時の被告人が、工藤鑑定のいう動因逸脱症候群を伴う大麻精神病にり患していた疑いが排斥されるか否かを検討する。

(1) 工藤鑑定が犯行時の被告人が動因逸脱症候群を伴う大麻精神病にり患していたと判断した理由は、概要、次のとおりである。

ア 大麻精神病とは、大麻の長期常用者であり、①幻覚、妄想や思考障害などの精神病症状が出現し、しかもそれが遷延するもので、被害妄想や誇大妄想、幻聴など、統合失調症の症状に似た病像を呈する場合が多い。②さらに、持続した高揚気分、あるいは意欲の異常亢進等能動性が逸脱した状態（工藤医師によれば「タガが外れた状態」）になることがあり、これを動因逸脱症候群という。

イ 以上について検討すると、被告人は、平成27年頃から本件犯行までの約1年間、週に4、5回、多いときは1日に数回大麻を使用しており、大麻の長期常用者に当たる。

①また、この時期の被告人には、当初の「意思疎通ができない障害者（以下『重度障害者』などということがあるが、いずれも被告人が自身の考えに基づき意思疎通ができない障害者であると認識している者を指す。）は不幸を作る。」、「重度障害者を安楽死させるべきである。」（なお、被告人が述べる「安楽死」は一般的な用語例とは異なるものと理解される。）という考えから、「自分が重度障害者を抹殺する。」といった了解できない思考への大きな飛躍・逸脱があり、これは病的な思考ないし思考障害によるものといえる。加えて、被告人は、本件犯行以前、被害的な幻聴があった上、本件犯行の前日、友人の言動から「ヤクザに追われている。」などと直感して自分が殺される前に本件犯行を実行しなければならないとの思いで本件犯行に及んでおり、これは了解不可能な妄想に当たる。

②さらに、この時期の被告人は、衆議院議長公邸まで行って重度障害者を殺害することなどが記載された衆議院議長宛ての手紙を渡したことに加え、暴力事件、職場における粗暴な言動、速度超過等の繰り返し、イルミナティカードの強引な自己関係付け、自分がヒーローや救世主であるといった発言等気分の高揚や活動性の亢進、病的な自己高揚感、現実検討能力の著しい低下など質的に異常な精神症状が持続していた。特に、本件犯行は、短時間の間に43名もの人を殺傷したというものであり、並外れたエネルギーと驚異的な行動力なしにはできないものであって、動因逸脱症候群に当たる状態であったことが最も顕著に表現された場面といえる。

ウ　したがって、犯行時の被告人は動因逸脱症候群を伴う大麻精神病の状態であった。

(2)　まず、工藤鑑定が、動因逸脱症候群を伴う大麻精神病の診断基準等として指摘したもののうち、被告人が大麻の長期常用者であったことは証拠上容易に認められることから、以下、①被告人の思考が病的な思考ないし思考障害によるものであり、被告人に幻覚や妄想があったとした点、②被告人の言動には能動性の逸脱があり、動因逸脱症候群であるとした点が問題となる。

当裁判所は、上記①②のいずれの点についても、工藤鑑定は採用できないと判断したが、その主たる理由は、①犯行動機の中核である被告人の重度障害者に関する考えは、被告人自身の本件施設での勤務経験を基礎とし、関心を持った世界情勢に関する話題を踏まえて生じたものとして了解可能であり、病的な思考ないし思考障害によるものとはいえないこと、②工藤鑑定が動因逸脱症候群の症状（能動性の逸脱）が最も顕著に表現された場面とした本件犯行時においてさえ、被告人は前記の犯行動機を逸脱した不合理な言動をとっていないことなどから、能動性の逸脱は認められないことである。以下、補足して説明する。

(3) 証拠上認められる前提事実

まず、以上の各点を検討するために必要な範囲で、証拠上認められる前提事実を示す。

ア 被告人は、平成24年12月、本件施設で勤務を開始し、当初、友人らに対し、本件施設の利用者のことを「かわいい。」と言うことがあった。

しかしながら、被告人は、仕事中、利用者が突然かみついて奇声を発したり、自分勝手な言動をしたりすることに接したこと、溺れた利用者を助けたのにその家族からお礼を言われなかったこと、一時的な利用者の家族は辛そうな反面、本件施設に入居している利用者の家族は職員の悪口を言うなど気楽に見えたこと、職員が利用者に暴力を振るい、食事を与えるというよりも流し込むような感じで利用者を人として扱っていないように感じたことなどから、重度障害者は不幸であり、その家族や周囲も不幸にする不要な存在であると考えるようになった。

イ　また、被告人は、前記のとおり、重度障害者が不要な存在であると考えるのと相前後して、世界情勢等に関心を持つようになり、過激な言動で注目を集める海外の政治家のニュースを見て、人が口にしないことでも勇気を持って真実を言ってよいと感じたり、国際的なテロに関するニュースを見て、金《かね》が不足しているから紛争が起きると考えたりするようになった。そして、被告人は、遅くとも平成28年2月頃までの間には、友人らに対し、重度障害者は不要である、重度障害者を「安楽死」させられる世の中にしなければならない、政府の許可を得て重度障害者を殺害する、重度障害者を殺してもすぐには変わらないだろうが自分が殺したことによって世界が共鳴して同じことが世界で起こる、そうすれば無駄な金がかからなくなって、ほかのところに金が使えることになるから、世界平和につながるといった内容の発言をするようになった。

さらに、被告人は、イルミナティカードというカードゲームで使用するカードが世界で起きた数々の出来事を予言しているという情報をインターネットなどで知り、これを信じるとともに、その中の伝説の指導者に関するカードに被告人を示唆する記載があると考えるようになった。

ウ　被告人は、平成28年2月13日から同月15日までの間、連日、衆議院議長宛の手紙等を渡すため、衆議院議長公邸（以下「公邸」という。）又はその周辺を訪れ、同月15日午前10時20分頃には公邸職員から手紙は郵送するようにと言われたものの、公邸前で座り込み頭を地面にぶつけるようにして土下座を繰り返し、公邸職員が呼んだ警察官によって公邸前の歩道上に移動させられたが、同日午後0時30分頃には手紙（以下「本件手紙」という。）を受け取ってもらい、公邸職員に礼を述べて立ち去った。

被告人が渡した本件手紙には、「私は障害者総勢470名を抹殺することができます。常軌を逸する発言であることは重々理解しております。しかし、保護者の疲れきった表情、施設で働いている職員の生気の欠けた瞳、日本国と世界の為と思い、居ても立っても居られずに本日行動に移した次第であります。」、「理由は世界経済の活性化、本格的な第三次世界大戦を未然に防ぐことができるかもしれないと考えたからです。」、「私の目標は重複障害者の方が家庭内での生活、及び社会的活動が極めて困難な場合、保護者の同意を得て安楽死できる世界です。」、「障害者は不幸を作ることしかできません。」、「フリーメイソンからなるイルミナティが作られたイルミナティカードを勉強させて頂きました。戦争で未来ある人間が殺されるのはとても悲しく、多くの憎しみを生みますが、障害者を殺すことは不幸を最大まで抑えることができます。」、「衆議院議長大島理森様、どうか愛する日本国、全人類の為にお力添え頂けないでしょうか。」という被告人の考えが記載された上、具体的な方法として、「職員の少ない夜勤に決行致します。」、「重複障害者が多く在籍している2つの園（津久井やまゆり、厚木精華園）を標的とします。」、「見守り職員は結束バンドで見動き、外部との連絡をとれなくします。」、「職員は絶体に傷つけず、速やかに作戦を実行します。」、「2つの園260名を抹殺した後は自首します。」、「逮捕後の監禁は最長で2年までとし、その後は自由な人生を送らせてください。心神喪失による無罪。」などと記載されていた。

エ　被告人は、平成28年2月19日、本件手紙を差し出したことなどを理由に措置入院となり、本件施設を退職し、同年3月2日、措置入院解除となって退院した。その後、被告人は、友人らに対して以前ほど重度障害者は不要であるなどといった自分の考えを伝えなくなったが、一部の友人らに対しては、引き続き同様の発言をしていた。

オ　被告人は、平成28年7月24日から翌25日にかけての深夜頃、河川敷で友人らと大麻を使用し、同月25日午前1時30分頃、具合が悪いから車に戻る旨伝えて車で走り去り、同日夕方から翌26日未明にかけて、ホームセンターでガムテープ、結束バンド、ハンマー等を購入し、友人と焼肉店で飲食したり、ホテルにデリバリーヘルスの女性を呼んだりした後、前記購入した物品や自宅から持ち出した5本の刃物を携帯して車で本件施設付近を訪れ、同日午前1時43分頃から同日午前2時48分頃までの間、判示の本件犯行に及び、同日午前3時5分、警察署に出頭した。

(4)　工藤鑑定が、被告人の思考が病的な思考ないし思考障害によるものであり、被告人に幻覚や妄想があったとした点（①）

ア　病的な思考ないし思考障害によるものについて

まず、犯行動機の中核である被告人の重度障害者に関する考えの了解可能性について検討する。なお、被告人が当公判廷で自分は正常な判断能力を有していた旨述べていることを踏まえると、自らの正常さを強調するために、犯行動機について殊更理論的に整理するなどして述べている可能性が否定できず、犯行動機に関する被告人の公判廷における供述を当然に信用することはできない。他方で、被告人が当時作成した本件手紙や知人らに対する当時の言動等の信用性に疑いはなく、これらによれば、犯行動機は、概要、以下のような内容と認められる。

すなわち、被告人が意思疎通ができないと考える重度障害者は不幸であり、その家族や周囲も不幸にする不要な存在であるところ、自分が重度障害者を殺害することによって不幸が減り、重度障害者が不要であるという自分の考えに賛同が得られ、重度障害者を「安楽死」させる社会が実現し、重度障害者に使われていた金を他に使えるようになるなどして世界平和につながり、このような考えを示した自分は先駆者になることができるというのが犯行動機であったと認められる。

ところで、被告人は、平成24年12月17日から措置入院となる平成28年2月19日までの間、本件施設で勤務しており、前記(3)ア及びイのような経緯で、本件施設の利用者とその家族、職員の言動から、意思疎通ができない重度障害者が不幸を生む不要な存在であり、「安楽死」させるべきであると考えるに至った。このような考えは、到底是認できない内容とはいえ、それ自体は被告人自身の前記のような実体験を踏まえた発想として了解可能であり、この点については、工藤医師も同趣旨の見解を述べている。

一方、工藤医師は、(a)当初の「重度障害者は不幸を作る。」、「重度障害者を安楽死させるべきである。」という考えから、(b)「自分が重度障害者を抹殺する。」といった了解できない思考への大きな飛躍・逸脱があるとしている。

しかし、上記(a)の考えは、重度障害者が存在することに否定的な内容という点で上記(b)の考えと方向性が同じといえるから、この考えに結びつくことが特に不自然とはいえない。

また、重度障害者がいなくなれば他に使える金が増えるという考え自体も、到底是認できない内容とはいえ、明白な矛盾や誤りがあるとまではいえないところ、重度障害者が不幸を生む不要な存在であり、「安楽死」させるべきであると考えていた被告人が、国際的なテロ等に関するニュースを見るなどし、重度障害者を「安楽死」させる世界が実現すれば、重度障害者に使われている金を他に回すことによって紛争等がなくなり、世界平和につながると考えるに至った点についても、到底是認できない内容とはいえ、情報源として一応合理的といえるニュース等の根拠に基づくものと見ることができるから病的な飛躍があるとはいえない。

さらに、被告人自身が重度障害者を殺害するという点についても、重度障害者が不幸を生む不要な存在であり、「安楽死」させるべきであると考えていた被告人が、過激な言動で注目されている海外の政治家に関するニュースを見るなどし、自分自身が障害者施設で勤務していた経験を有していたこともあって、重度障害者がいなくなれば世界平和になるということは自分だけが気付いている真実であり、海外の政治家と同様に、自分も他人ができない言動をすることができる、すなわち、自分が重度障害者を殺害することにより、世間にも重度障害者が不要であると気付かせ、これによって重度障害者を「安楽死」させる社会が実現して世界が平和になれば、自分が先駆者になれると考えたものと理解することができる。このような思考の形成過程についても、到底是認できない内容とはいえ、障害者施設での勤務経験や情報源として一応合理的といえるニュース等の根拠に基づくものと見ることができるから、病的な飛躍があったとまではいえない。

なお、被告人自身が重度障害者を殺害するという考えが生じたことについて、被告人が「バーン」とか「ガーン」といった擬音語を使って表現したり、知人に「神のお告げがあった。」などと話したりしたことがあるものの、前記のとおり、その考えは被告人の体験や根拠を踏まえて生じたものであり、病的な飛躍はなく、これらの被告人の表現ぶり自体が直ちに病的な思考や思考障害によるものがあったとうかがわせるわけでもない。また、イルミナティカードの影響について見ても、被告人が認識したのは、伝説の指導者に関する記載の中に被告人を示唆する文字があったということにとどまり、イルミナティカードから重度障害者を殺害するという着想を得たわけではないから、その影響があったとしても、先駆者になれるという被告人の前記思考を後押ししたという程度にとどまる。

したがって、犯行動機の中核である被告人の重度障害者に関する考えは、その形成過程を踏まえれば、自分が重度障害者を殺害するという点を含めて了解可能なものであり、病的な思考ないし思考障害によるものとはいえず、この点に関する工藤医師の判断は不合理であるといわざるを得ない。

イ　幻覚や妄想について

証拠によれば、犯行前日の被告人は、やくざを含む何者かに追われている、狙われているなどといった妄想を抱いていたと認められる（大澤医師は、大麻の合法化を考えている被告人がやくざにとって邪魔な存在になり狙われていると考えたものであり、これは了解できない発想ではなく「妄想」に当たらない旨述べるが、ここでいう「妄想」は工藤医師が大麻精神病の症状として挙げたものであるから、工藤医師の用法に従う。以下同じ。)。

しかしながら、被告人は、犯行前日、前記のような妄想をうかがわせる言動以外にも、友人と焼肉店で飲食をしたり、ホテルにデリバリーヘルスの女性を呼んだりするなど、前記のような妄想があったとは考えにくい行動もとることができていたから、妄想による支配の程度は限られていたといえる。

また、幻聴についても、工藤医師もそれほど重いものではないと述べているように、「うるさい。」「キモイ。」といったものにとどまっており、被告人の思考に直接命令するようなものは見当たらない。

したがって、被告人に幻覚や妄想があったことは否定できないが、いずれもその程度は強くはなかったと認められる。

(5) 工藤鑑定が、被告人の言動には能動性の逸脱があり、動因逸脱症候群であるとした点(②ア 始めに、工藤医師が、動因逸脱症候群であることが最も顕著に表現された場面と指摘する本件犯行について検討する。

(ア) まず、殺害対象について見ると、被告人は、夜勤職員に会話ができる利用者かどうかを確認したり、自分で声を掛けたり、自分で見た部屋の様子や自分の勤務経験等に基づき、被告人が考える重度障害者を選別して殺害行為に及んでおり、犯行動機に沿って殺害対象を的確に選別している。その一方で、被告人は、犯行動機に沿った行動ばかりとっていたわけではなく、重度障害者として殺害対象に選別した利用者についても、汚物が付くのが嫌だという理由で殺害対象から外すなど、犯行動機とは関係がない事情も考慮した上で合理的な対応をとることができている。

また、殺害態様について見ると、当初、胸部や背部付近を刺したが凶器である包丁の先が欠けたり、自らも指を負傷したりといった予定外の事情が発生しても、狙う場所を頸部に変更するなど、状況を的確に認識しつつ目的に即した柔軟な対応ができている。

さらに、本件犯行全体について見ると、工藤医師は、短時間で43名を殺傷したことは並外れたエネルギーや驚異的な行動力がなくてはできないと指摘する。しかしながら、前記犯行動機からすれば、できるだけ多くの重度障害者を殺害する必要があった上、元職員として本件施設の構造を把握していたこと、職員の少ない時間帯に複数の刃物と職員を拘束するための結束バンド等を持って侵入するといった相応の計画・準備がされた犯行であったこと、殺害対象がいずれも助けを求めたり抵抗したりすることが困難であろう人ばかりであったこと、他方で、被告人が体を鍛えた成人男性であったことなどの事情を踏まえれば、短時間で多数を殺傷することに心理的にも物理的にも格別の支障はなかったと思われる。そうすると、被告人に並外れたエネルギーや驚異的な行動力がなければ本件犯行ができなかったとは必ずしもいえないから、工藤鑑定は適切な前提を欠いている。

(イ) その他、被告人は、多数の利用者を殺害するのと並行して、複数の夜勤職員に応対しているところ、職員の一部に傷害を負わせたこともあったが、基本的には重度障害者を多数殺害するという犯行動機に必要な行動、すなわち、外部への通報等をさせないように拘束したり、会話ができる利用者であるかを聞いたり、本件施設の鍵を奪ったりといった行動にとどまり、包丁を用いた暴行を加えるなどしなかった。このように、被告人は、動機に沿った行動をとる一方で、専らそうした行動をとっていたわけではなく、口をガムテープで塞いだ職員に苦しくなったら鼻で大きく息を吸うように助言したり、トイレに行きたくなった職員をトイレまで連れて行ったりするなど、状況に合わせて、犯行動機とは関係はないが矛盾もしない合理的な行動をとれていた。

なお、被告人は、一部の職員に対して、自分が宇宙から来たという突飛な発言もしているが、それ以上に、自分が宇宙人であることを前提にしたと思われる具体的な言動は見当たらないから、真に宇宙から来たと思い込んでした発言とは考えにくく、むしろ、本件犯行の興奮状態における発言として理解することができる。そうすると、上記発言が能動性の逸脱をうかがわせるものとはいえない。

(ウ) 以上に加え、本件犯行の直前直後の事情についても、特段能動性の逸脱をうかがわせる事情があるとはいえないところ、結局、本件犯行(直前直後を含む)について、被告人は、一貫して重度障害者の殺害という犯行動機に沿った言動をとれていたが、他方で、専らそのような言動のみをとっていた訳ではなく、各殺害行為の間にも、周囲の状況に対応して行動を柔軟に変更するなど動機と矛盾しない様々な言動も併せてとることができていたといえる。したがって、本件犯行時、被告人が持続した高揚気分や意欲の異常亢進等能動性が逸脱している状態であったとは到底いえない。

イ 次に、被告人が平成28年2月頃に本件手紙を差し出したことについて、工藤鑑定が動因逸脱症候群の一事情として挙げているので検討する。

この点、本件手紙の内容のうち、重度障害者を殺害することに関しては、前述のとおり、病的な思考や思考障害によるものではない。また、大麻、カジノの合法化等に関しては、それ自体特別奇異な考えではないし、世界情勢等に関心を持っていた被告人が、重度障害者を「安楽死」させる社会の実現と並んで、同様に実現を望む政策を衆議院議長宛の手紙に記載することは整合的である。加えて、添付されているイルミナティカードの画像や被告人が書いたと思料される2枚の絵は本文と関連するものとして被告人が同封したものと理解することができる。そして、文章全体を見ても、自分の考えを一方的に記載するというのではなく、受け手に配慮して丁寧語を用いるなどした文面となっている。これらのことに照らすと、本件手紙の内容自体から病的な異常さまではうかがわれない。また、本件手紙が衆議院議長宛で作成されていることについても、その内容が被告人の望む社会の実現、世界平和等を訴えるものであり、政治に関係する事項といえるので、不自然ではない。

さらに、被告人は、本件手紙を渡すために公邸等を連日訪れ、公邸職員や警察官から拒絶されたにも関わらず、約2時間も公邸やその前に居座り、頭を地面にぶつけるように土下座するなど、本件手紙を受け取ってもらうためにやや異常ともいえる言動を見せた。しかしながら、被告人は本件手紙を受け取ってもらうことを強く希望していたことがうかがわれるところ、公邸職員や警察官とのやりとり自体に粗暴な言動等異常さは見られない上、本件手紙を受け取ってもらうという目的が実現した後はすぐに立ち去っており、上記目的を実現するために手段を選ばずに行動していたとはうかがわれない。そうすると、被告人の上記言動は、やや過剰な面があるとはいえ、本件手紙を受け取ってもらうための通常の行動として理解できる範囲内のものといえる。

したがって、本件手紙を差し出したことに関し、病的な異常さはうかがわれず、能動性が逸脱した状態ではなかったものと認められる。

なお、被告人が本件手紙を差し出したことなどに伴う措置入院に関連して3名の医師が被告人を診察しているところ、その医師らが、被告人の意欲について「衝動行為」あるいは「興奮」を、感情・情動について「高揚気分」を指摘の上、大麻精神病と診断したり、そのような診断もあり得た旨述べたりしてもいる。しかしながら、これらは飽くまで措置入院の要否を判断するためにされた診断である上、限られた資料や面談に基づくものにとどまり、前記のような犯行動機の形成過程等を十分踏まえた上で検討されたものではないから、前記認定を左右しない。

ウ その他、工藤医師が能動性の逸脱として挙げる事情について検討してみても、病的な異常さをうかがわせるものはなく、能動性が逸脱したものと認めることはできない。

エ 以上から、被告人の言動に能動性の逸脱はなく、動因逸脱症候群ではないものと認められる。

(6) 以上検討してきたとおり、被告人は、大麻の長期常用者ではあるものの①被告人の犯行動機に関する思考は、病的な思考ないし思考障害によるものではなく、幻覚や妄想があったとしてもその程度は強くなく、②工藤医師が動因逸脱症候群であることが最も顕著に表現されたと指摘する本件犯行でさえ、能動性が逸脱した状態であったとはいえず、更に、その他の場面でも能動性の逸脱は認められない。そうすると、工藤医師がいう病像や診断基準等を前提にしても、被告人が工藤医師がいう動因逸脱症候群を伴う大麻精神病にり患していたとの疑いは残らない。

2 精神障害等の本件犯行への影響

これまで検討したとおり、犯行時に被告人が動因逸脱症候群を伴う大麻精神病にり患していた疑いは排斥されたものの、被告人が大麻を常用しており、その程度はともかくも大麻使用に起因した妄想等があり、大澤鑑定によれば、本件犯行時に体内に大麻成分が分布しており、大麻使用障害・大麻中毒にり患していたとされる。そこで、以下、大麻又はこれに関係する何らかの精神障害の影響等により、犯行時に被告人の善悪を判断する能力又はその判断に従って行動をコントロールする能力が喪失ないし著しく低下していた疑いが残らないかを検討する。

(1) 本件犯行の動機が了解可能であること

本件犯行の動機は前記1(4)アで述べたとおりであり、被告人自身の本件施設での勤務経験を基礎とし、関心を持った世界情勢に関する話題を踏まえて生じたものとして動機の形成過程は明確であって病的な飛躍はなく、了解可能なものである。

(2) 本件犯行に計画性、一貫性、合目的性が認められること

被告人は、遅くとも本件手紙を書いた平成28年2月頃までに、本件施設の利用者を殺害すること、職員の少ない時間帯に実行すること、職員を結束バンドで拘束すること、実行後は警察署に出頭することを計画し、本件犯行の前日までに複数の刃物を自宅から持ち出して、結束バンドやハンマー等を購入するなどの準備をしており、本件犯行には計画性が認められる。

そして、被告人は、同年7月26日未明、持参したハンマーで窓ガラスを割って本件施設建物内に入り、持参した結束バンドで夜勤職員を拘束し、持参した複数の刃物で重度障害者を殺害して回った後、警察署に出頭しており、これは事前の計画や準備どおりの行動であるといえる。さらに、能動性の逸脱（前記1⑸ア）で検討したとおり、直前直後を含め本件犯行時には動機に整合する言動をとっており、これと矛盾するような言動も見られない。

したがって、本件犯行は、計画的に敢行されたものであり、動機との関係で一貫した合目的的なものであったといえる。

⑶　違法性の認識があったこと

被告人が書いた本件手紙には、「私は障害者総勢４７０名を抹殺することができます。常軌を逸する発言であることは重々理解しております。」、「２つの園２６０名を抹殺した後は自首します。」、「逮捕後の監禁は最長で2年までとし、その後は自由な人生を送らせてください。心神喪失による無罪。」などといった記載がある。このような記載に照らせば、被告人が、本件犯行について、被告人なりに社会に有意義な行為であると思う一方、社会に容易に受け入れられるものではなく、少なくとも警察官等に逮捕されて裁判になるような行為であると理解していたことは明らかであり、そのような理解を前提に本件犯行後に警察署へ出頭したものといえる。したがって、被告人が本件犯行を違法であると認識していたことは明らかである。

なお、弁護人は、違法性の認識に関連し、本件手紙を差し出したことや友人らに重度障害者は不要であるとか自分が重度障害者を殺害するなどといったことを話していることは軽率であるし、犯行前後に証拠隠滅や逃げ隠れする行動がないといった主張をする。しかし、被告人は、公邸で応対した警察官に本件手紙の内容を聞かれても口ごもったり、特に措置入院以降は状況に応じて重度障害者を殺害するといった話を控えたりする（前記1⑶エ）など、被告人が意図した重度障害者の殺害が問題視される可能性に配慮した言動もとることができており、弁護人が指摘するような軽率な面はあったとしても、違法性の認識に問題があったとは考えられない。また、本件犯行によって自らの考えを世間に知らしめようという被告人の意図に照らせば、証拠隠滅や逃げ隠れする行動がなかったのは当然であり、そうであるからといって違法性の認識がなかったことの根拠にはならない。

⑷ 以上のような動機の了解可能性、本件犯行の計画性、一貫性、合目的性、違法性の認識等に照らすと、本件犯行に特別不合理な点は見受けられない。加えて、証拠上認められる被告人の妄想や幻聴は程度が軽いものしかなく（前記1⑷イ）、その妄想の内容からしても犯行日を早めたにすぎないから、大麻又はこれに関係する何らかの精神障害が本件犯行に影響を与えたとは考えられない。したがって、犯行時に被告人の善悪を判断する能力及びその判断に従って行動をコントロールする能力のいずれについても喪失ないし著しく低下していたとの疑いは生じない。

3 結論

以上から、犯行時の被告人は完全責任能力を有していたと認められる。

【量刑の理由】

本件は、障害者が入居するなどして利用している本件施設の元職員である被告人が、本件施設に侵入の上、利用者43名に対しては、殺意をもって包丁で突き刺すなどし、19名を殺害し、24名に傷害を負わせ、夜勤職員5名に対しては、その身体を拘束するなどし、2名に傷害を負わせるなどした事案である。

本件において、量刑上最も重視すべきなのは殺人罪、とりわけ19名もの人命が奪われたという結果が他の事例と比較できないほど甚だしく重大であることである。この一事からして既に、犯情は誠に重いというほかない。

殺人未遂にとどまった24名についても、全治約9日間から全治約6か月間を要する見込みと傷害の程度に軽重はあるものの、いずれも相当な生命の危険にさらされたのであって、その結果も重大である。

犯行態様について見てみると、被告人は、職員が少ない時間帯を狙い、大勢の利用者を殺害するために必要な複数の刃物、職員を拘束するために必要な結束バンド等を用意するなどした上、夜勤職員の身体を拘束するなどして通報等を防ぎつつ、助けを求めたり抵抗したりすることが困難であろう利用者43名に対し、順次殺傷能力がある包丁で胸や背中、首といった身体の枢要部を複数回突き刺すなどしていったのである。計画的かつ強烈な殺意に貫かれた犯行であり、多数の生命を奪う危険性は高かったといえる。以上から、犯行態様の悪質性も甚だしい。

このような犯行に及んだ動機については、前記法335条2項の主張に対する判断中1(4)アで既に指摘したとおりであり、大麻又はこれに関係する何らかの精神障害の影響があったとはうかがわれず、動機の形成過程を踏まえても酌量の余地は全くなく、厳しい非難は免れない。

以上のとおり、本件の結果、殊に殺人については他の事例と比較できないほど甚だしく重大であって、犯行の態様や動機を踏まえても、犯情は限りなく重く、被害者遺族らが峻烈な処罰感情を示すのも当然である。

そうすると、被告人が犯行時26歳と比較的若く、前科がないことなど一般情状をできる限り考慮し、罪刑の均衡、公平性の観点から慎重に検討しても、死刑をもって臨むほかないと判断した。

以上

**主な執筆者・発言者プロフィール**（五十音順）

雨宮処凛

**雨宮処凛** ⦿1975年生まれ。作家。著書『女子と貧困』『不透明な未来についての30章』『この国の不寛容の果てに』他。

大坪寧樹

**大坪寧樹** ⦿1968年生まれ。NPO法人自立生活企画所属。尾野一矢さんの地域移行支援員兼ヘルパー。

尾野剛志

**尾野剛志** ⦿1943年生まれ。津久井やまゆり園家族会前会長。息子の一矢さんがやまゆり園事件の被害にあった。

篠田博之

**篠田博之** ⦿1951年生まれ。月刊『創』編集長。著書『増補版ドキュメント死刑囚』『生涯編集者』『皇室タブー』他。

鈴木静

**鈴木静** ⦿愛媛大学教授。日本社会保障法学会所属。井上英夫金沢大名誉教授らとともに相模原事件の調査研究。編著『人権としての社会保障』他。

西角純志

**西角純志** ⦿1965年生まれ。津久井やまゆり園に2001～2005年勤務。著書『移動する理論―ルカーチの思想』他。

松本俊彦

**松本俊彦** ⦿1967年生まれ。国立精神・神経医療センター精神保健研究所薬物依存研究部長。2016年の厚労省検証・検討チームのメンバー。

渡辺一史

**渡辺一史** ⦿1968年生まれ。ノンフィクションライター。著書『こんな夜更けにバナナかよ』『北の無人駅から』『なぜ人と人は支え合うのか』他。

# パンドラの箱は閉じられたのか
## 相模原障害者殺傷事件は終わっていない

2020年6月19日　初版第一刷発行
7月 3 日　第二刷発行

月刊『創』編集部編

発行人……篠田博之

発行所……(有)創出版
〒160-0004 東京都新宿区四谷2-13-27　KC四谷ビル4F
電話　03-3225-1413　FAX　03-3225-0898
http://www. tsukuru. co. jp
mail@tsukuru.co.jp

印刷所……モリモト印刷(株)

装幀……鈴木一誌

ISBN978-4-904795-62-0

## 創出版の出版物

メディア批評の総合誌

### 月刊『創』(Tsukuru)

毎月7日発売　A5判　定価713円

画一的な大手マスコミの報道を批判し、別の視点を提示することで、社会通念を疑ってみようというメディア批評誌。「異論」を尊重するのが方針。犯罪や死刑問題なども、独自のスタンスから取り上げている。

### 開けられたパンドラの箱　やまゆり園障害者殺傷事件

月刊『創』編集部編　本体1500円＋税

2016年7月に起きた障害者への殺傷事件は、19人もの命を奪ったのが元施設職員だったことや、逮捕された植松聖被告にも精神障害の可能性が指摘されるなど二重三重に衝撃的だった。植松被告本人への取材を含めて、事件の真相を追った。

### 皇室タブー

篠田博之　　本体1500円＋税

1961年、右翼少年による刺殺事件が出版界を恐怖に陥れ、小説「風流夢譚」は封印された。皇室を扱った表現がその後も回収や差し替えにあっている現実をたどることで何が見えてくるのか。改元の今、象徴天皇制の意味について、改めて考えてみたい。

### 生ける屍の結末　「黒子のバスケ」脅迫事件の全真相

渡邊博史　　本体1500円＋税

人気マンガ「黒子のバスケ」に対して約1年にわたって脅迫状が送られた事件。逮捕後明らかになったその事件の背景に多くの人が慄然とした。脅迫犯が獄中でつづった事件の全真相と、格差、いじめ、虐待などの実態。ネットでも大反響。

### 和歌山カレー事件　獄中からの手紙

林眞須美/林健治/篠田博之/他著　　本体1000円＋税

1998年に日本中を震撼させた和歌山カレー事件。本書は林眞須美死刑囚の獄中生活など詳しい手記が掲載されている。カレー事件や死刑についての本人の心情や近況、獄中で感じている死刑への恐怖など、林死刑囚の心情が率直に表明された内容だ。

### 夢のなか／夢のなか、いまも。

宮﨑勤著　　本体1500円＋税

死刑が確定し、2008年に執行された宮﨑勤元死刑囚と、約10年間にわたりやりとりした手紙をベースに、控訴審での事件の核心に踏み込んだ証言などを収録。『夢のなか』は1998年、『夢のなか、いまも。』は2006年に刊行された。

**創出版**　〒160-0004　東京都新宿区四谷2-13-27 KC四谷ビル4F　mail : mail@tsukuru.co.jp
TEL : 03-3225-1413　FAX : 03-3225-0898